问题驱动的
中学数学课堂教学

理论与实践卷

曹广福　张蜀青　著

清华大学出版社
北京

内 容 简 介

本书从数学内容的思想性角度为高中数学教师和大学师范生以及数学教育研究生的教学与实习提供了建议性意见,书中针对教材内容与课堂教学给出了大量案例分析,同时还以课堂评析、实录等方式提供了作者在中学授课的部分教学案例供一线教师参考。

本书有别于传统的数学教育理论书籍,作者融数十年数学研究与教学经验于数学教育研究中,提出了一些新颖的见解,直接面向一线教学提出具体的教学建议,不失为一本具有重要指导意义的一线教师教学参考书。

本书适合大学师范生作为教法教材或参考书,也可以作为中学一线教师的培训用书或教学指导用书及中学生的参考读物,还可以作为数学教育研究工作者及数学教育研究生的参考书。

图书在版编目(CIP)数据

问题驱动的中学数学课堂教学.理论与实践卷/曹广福,张蜀青著.—北京:清华大学出版社,2018(2025.3重印)
 ISBN 978-7-302-50921-9

Ⅰ.①问… Ⅱ.①曹… ②张… Ⅲ.①中学数学课-课堂教学-教学研究 Ⅳ.①G633.602

中国版本图书馆 CIP 数据核字(2018)第 190121 号

责任编辑:刘　颖
封面设计:傅瑞学
责任校对:王淑云
责任印制:刘海龙

出版发行:清华大学出版社
　　　　网　　　址:https://www.tup.com.cn, https://www.wqxuetang.com
　　　　地　　　址:北京清华大学学研大厦 A 座　邮　　编:100084
　　　　社 总 机:010-83470000　　　　邮　　购:010-62786544
　　　　投稿与读者服务:010-62776969,c-service@tup.tsinghua.edu.cn
　　　　质量反馈:010-62772015,zhiliang@tup.tsinghua.edu.cn
印 装 者:天津鑫丰华印务有限公司
经　　销:全国新华书店
开　　本:170mm×240mm　　印　张:13.75　　字　数:190 千字
版　　次:2018 年 8 月第 1 版　　　　印　次:2025 年 3 月第 8 次印刷
定　　价:49.80 元

产品编号:079928-02

理查德·费曼

我不能创造的，我也无法理解

——费曼

许多人认为，理查德·费曼（Richard Feynman，1918 年 5 月 11 日—1988 年 2 月 15 日）是 20 世纪诞生于美国的最伟大的物理学家，一个独辟蹊径的思考者、超乎寻常的教师、尽善尽美的演员，1965 年，他因在量子电动力学方面做出的卓越贡献，获得诺贝尔物理学奖。费曼认为他对物理学最重要的贡献不是量子电动力学或超流理论，而是根据他 20 世纪 60 年代在加州理工学院授课录音整理而成的三卷教材《费曼物理学讲义》。费曼有一种特殊能力，他能把复杂的观点用简单的语言表述出来，这使得他成为一位硕果累累的教育家。在获得的诸多奖项中，他自豪的是 1972 年获得的奥尔斯特教育奖章。

汉斯·弗赖登塔尔

数学教育是数学的再创造

——弗赖登塔尔

弗赖登塔尔(H. Freudenthal,1905—1990)是国际上极负盛名的荷兰数学家和数学教育家。他是著名数学家布劳威尔的学生,早年从事纯粹数学研究,以代数拓扑学和李群研究方面的杰出工作进入国际著名数学家的行列。作为著名的数学家,弗赖登塔尔非常关注教育问题,他很早就把数学教育作为自己思考和研究的对象,在这一点上弗赖登塔尔与其他科学家有所不同,其他高水平的科学家开始关注和投入研究教育问题时往往是在他们年老之后,而弗赖登塔尔被教育问题所吸引从很早就开始了。他本人对此有一个解释:我一生都是做教师,之所以从很早就开始思考教育方面的问题,是为了把教师这一行做好。弗赖登塔尔指导、推动和亲身参与了荷兰的数学教育改革实践,并对20世纪国际数学课程的改革与发展做出了重大贡献。弗赖登塔尔一生发表关于数学教育的著述达几百篇(部),其中三本著作《作为教育任务的数学》《播种和除草》及《数学结构的教学现象》用多种文字出版,在国际上产生了很大的影响。

总 / 序

　　介入中学数学教育已有若干年,我时常在思考一个问题:"数学教育的本质到底是什么? 我们该教给学生什么?"其实很多人都在思考这个问题,也都有自己的认识,有一种"高大上"的说法:"教学生如何思考,如何学习"。可我们真的知道怎么教学生思考吗? 我们真的知道怎么指导学生学习吗? 我们把很多问题归咎于应试教育,问题是,我们能进行什么样的教育?

　　诺贝尔物理学奖获得者、著名物理学家、加州理工学院教授理查德·费曼(Richard Feynman)最后一次住院治疗前,在其办公室的黑板上写下:"我不能创造的,我也无法理解"(What I cannot Create, I do not understand)。从教育的角度说,这句话是很有道理的。很多人都读过弗赖登塔尔的《作为教育任务的数学》,我以为,概括起来,《作为教育任务的数学》表述了两个基本观点:(1)数学教育应该结合学生的生活体验与数学现实;(2)数学教育是数学的"再创造"。虽然我对于弗赖登塔尔在《数学教育再探》《除草与播种》等论著中的一些观点持保留意见,但我相信,无论是数学教育工作者还是数学教育研究者乃至教材编写者,大概都会认同弗赖登塔尔的这两个观点。然而,如何结合学生的生活体验与数学现实? 实际操作时往往会出现问题。中学数学教材无论是引入一个概念还是建立一个定理,通常都会创设一些问题情境,其目的也正是为了体现与学生的生活体验相结合。问题是,我们为什么要创设这样的问题情境? 它真的能反映出我们所建立的概念或定理的科学本质吗? 以复数的引入为例,几乎所有的教材都是以 $x^2 + 1 = 0$ 在实数范围内无解所以需要扩充数域作为复数导入的问题情境。有些人认为,从代数的角度看,无非是定义一些抽象的运算使之成为一个代数或域,对抽象代数耳熟能详的人来说,这的确是一件自然的事情。可如果一个中学生问你:"老师,为什么要研究 $x^2+1=0$ 这样的方程?它有意义吗?"教师该如何回答?如果你无法回答学生的问题,你又如何让学生相信这个概念是重要的?学生又如何知道该怎样使用这套理论?结合学生的生活体验与数学现实的具体体现是创设合适的问题情境,但这个问题情境应该是有价值的真实情境,而不是虚无缥缈、不着边际的虚假或毫无意义的情境,与其这样,还不如直截了当地引入数学概念。

说到真实的问题情境,必然涉及另一个本质问题,什么叫数学的"再创造"?如果教师自己都不知道数学是怎么被创造出来的,他(她)又如何引导学生去"再创造"?教师或数学教育研究工作者固然有别于数学研究工作者,教师与数学教育研究工作者可以不必做具体的数学研究,但至少应该懂数学,具备数学的鉴赏能力,否则他(她)的教育或研究必然是空中楼阁,甚至不知所云,缺少实际的可操作性。

小学数学教育属于启蒙教育,需要教育学、心理学的指导,一个小学数学教师如果对教育学、心理学一无所知,他一定是个不合格的教师。但从中学开始,数学内容的思想性上升为数学教育的核心,应该将数学的"再创造"作为数学教育的灵魂。这就给数学教师与数学教育研究工作者提出了一个严肃的问题:"我们真的懂数学吗?我们具备数学鉴赏能力吗?我们到底该从事或研究什么样的数学教育?"如果我们不懂数学,不具备数学的鉴赏能力,我们又如何引领学生进行数学的"再创造"?除了依样画葫芦,还能干什么?

任何数学概念与定理都不是数学家或物理学家头脑中的臆想物,都有其产生的背景,有些概念甚至经过了数百年的考验才最终登堂入室得到广泛的认同,还有些理论曾让数学家与物理学家们争论不休甚至引起了极度恐慌。如果数学只是数学家的游戏,那么它就不会被科学家们深究不放,不弄清楚其真面目誓不罢休。可以说,直至微积分,一切的数学都离不开现实与自然科学,即使是现代数学,追根溯源,也与自然科学有着千丝万缕、述说不清的渊源。数学课堂怎么引导学生"再创造"？有一种观点认为越简单越好，不要把简单问题复杂化，果真如此，最简单的做法是单刀直入开门见山地告诉学生一个数学概念或定理，就如前面提到的复数那样。如果是这样，我们从事的还是数学教育吗？恐怕充其量不过是数学知识的传授，而且其中夹杂着很多虚假的成分让学生难辨真伪。

要做好数学教育研究首先需要了解数学，懂得鉴赏数学。这就好比音乐教师给学生分析一首歌，如果教师不清楚音乐表达的是一种什么样的情感，不知道词曲作者创作该曲的背景，甚至连乐曲是什么调、什么节拍都不甚了解，他怎么向学生剖析？从这个意义上说，无论是搞数学教育还是做数学教育研究，有必要先学好数学，学会鉴赏数学。

数学教育该以什么样的方式进行？这本无一定之规，课堂是教学的最基本形式，少数有天赋的学生也可能自学成才或者因为特定的环境脱颖而出，就大众而言，通常都需要经过课堂教学这样的特定形式。数学教育是否需要改革？答案是肯定的，问题是改什么？为什么要改？

数学对于数学教师与数学教育研究者而言应该是个"白箱"，换言之，数学教师与数学教育研究者应该对数学有透彻的了解，这种了解并非指你是否懂得某个概念与定理，知道怎么用它们，更重要的是，你要清楚概念与定理产生的背景以及它们的科学价值。我们常常把数学文化放在嘴上，我们真的了解什么是数学文化吗？数学文化不等于介绍一些数学史，或者开展一些课外数学兴趣活动，更重要的是，数学文化体现在每一节数学课的教学过程中。打个比方，一幅画摆在你的面前，如果你是个普通的观赏者，你可能朦胧地觉得这幅画好不好看，至于怎么个好看法，你就说不出所以然来了，如果你面对的是一幅抽象派的画作，你可能压根就无法判定它是好还是不好。但如果你是个专业的鉴赏家（不一定是画家），你可能不仅了解作者是谁，是在什么背景下画的这幅画（历史），可能还知道这幅画表达了作者什么样的情感，并能解读出画中的每一个细节（文化）。当然，光线、构图、色彩等则是画家与鉴赏家的基本功（内容）。任何一个高水平解说员对你解说一幅画作的时候一定不会仅仅停留在作者是怎么用光的，构图如何,用了什么色彩,而是向你解释,如此用光是为了表达什么样的意境,构图为什么精巧,色彩表达了什么样的感情,包括远近高低、清晰模糊等都传递了什么信息,这就是文化。数学也是如此,只不过与绘画相比,它更为抽象,需要具备与众不同的鉴赏能力才能读懂,我们有多少数学课堂传递了数学文化?如果教师做不到,还奢谈什么数学文化?

数学对于学生而言好比"黑箱",数学教师与数学教育研究工作者不仅应该了解数学知识,更应该了解数学文化,知道数学在表达什么,它缘何产生,对数学乃至自然科学产生了什么影响,它的重要性体现在哪里?我们如何判断一个数学结果的好坏?好在哪里?不好在哪里?只有这样才能引导学生一步一步地揭开"黑箱"的秘密。

课堂教学的最高境界是什么?是自由王国,还是无招胜有招。

很多人认为教师讲课应该好好写备课笔记,讲什么、重点难点是什么应该做到心中有数。这些自然有一定的道理,但知道重点难点就算备好课了吗?假如让你在不同的时间里给两个班上同样内容的课,你第一次上课与第二次上课有没有差别?差别在哪里?对于新教师来说,也许两次课基本没有什么差别,因为他或者照着讲义(PPT)读,或者把讲义熟记了下来,可以一字不漏地把讲义内容背出来。这样的课成功与否取决于你讲义的水平如何,但不管如何成功,这样的课都算不上高水平的授课。什么是高水平的授课?无论你重复讲多少次同样内容的课,你使用的语言都可能各不相同,但意思却是一样的,也就是说,你抓住的是课程的精髓与思想,至于用什么样的语言来表达则是次要的。尤其是有了多媒体之后,很多东西完全可以通过屏幕展示,无须教师费事书写。说到底,语言与文字只是知识的载体,知识又是思想的载体,教师的任务是通过语言将知识所承载的思想传递给学生,而要达到这种境界,绝不是站在与所传授的知识同一水平线上能够做到的,教师需要站在更高的层面上才能真正看清楚知识所承载的思想,否则他(她)只能是照本宣科、依样画葫芦。

教师的教学有层次上的差别。如果教师的课堂教学仅仅停留在就知识论知识上,没有对知识的独立见解,也没有对知识的主客观评判,那么,他的教学就仅仅停留在传授知识的层面上。如果教师的课堂教学具有对概念、原理的深入剖析，而且这种剖析蕴含着自己对知识的独到见解，这种见解也许基于对历史的了解，也许基于自身的研究积累，那么他的教学就有了文化内涵。这就是课堂教学中知识与文化的差别。

很多人认为教学水平取决于教学经验的积累，此言大谬，教学经验的积累的确可以让教师的教学变得更加成熟，但未必能决定他教学的高度，换句话说，经验的积累可以在同一层面上使他的教学更完善，例如教态、语言、板书等都可以通过经验的积累逐步规范与提高。然而，决定教师教育高度的根本因素则是教师的眼界与素养。如果一个教师能够抓住问题的本质，有对问题的独到见解，哪怕他的语言不够规范，仪表不够端庄，板书不够工整，他的教学也是高水平的。反之，如果教师缺少把握本质问题的能力，教学只是停留在细枝末节上，无论他的举止多么高雅，语言多么幽默，板书多么工整，他的教学也是低水平的。

有人说："教育的关键是教会学生如何学习"，问题是如何教会学生学习？这是个值得探讨的问题。学会学习的根本在于掌握基本的思维方法，能否掌握思维方法与思想取决于你对相关学科的鉴赏力。教师传授思想的过程就是教会学生如何学习、如何鉴赏的过程。

本书着眼于高中数学内容的思想性为教师们的教学和大学师范生以及数学教育研究生的教育实习提供了建设性意见，书中针对教材内容与课堂教学给出了大量案例分析，同时设计了部分高中数学内容的教案供一线教师参考。

本人非数学教育专业出身，无非是凭借多年从事数学研究与数学教学的经验发表一些粗浅的认识，行文素喜信马由缰，不专业之处在所难免，也算是为中国数学教育研究添一块另类的砖头。谬误之处，恭请专家批评指正。

曹广福

2018 年 4 月

本 / 卷 / 序

本套丛书的第一卷终于付梓了，与后续几卷相比，本卷内容显得庞杂了一些。部分内容取材于我与我的学生过去几年中已经发表的文章，所以前后的逻辑关系未见得严谨，更像是一本论文集。

本卷主要围绕着目前基础教育中的很多重大问题展开讨论，内容包括数学素养、课堂教学评价、素质教育、数学文化等若干方面。与很多数学教育书籍不同的是，我们的立足点始终在数学内容的思想性，正如弗赖登塔尔所说："数学教育是数学的再创造"，如果我们不了解数学的内容、思想、方法与意义，再创造从何谈起？

介入基础教育十余年的时间里，我通过与国内数学教育研究专家们广泛的交流，并向他们学习，同时深入中学一线与中学教师们进行交流、互动，深以为，教育改革、教育理论研究与一线教学之间尚隔着一条鸿沟，这与教育改革、教育研究工作者与一线教师之间交流的深度与广度固然是有关系的，但教材、教参以及很多一线教师对数学的理解有着很大的局限性恐怕是更重要的因素。一方面，师范教育的课程设计是否合理？另一方面，教师培训是否真正起到了提升教师数学素养与眼界的作用？这些问题都值得研究。我始终有一个愿望，希望能将数十年数学研究经验与教学经验融入数学教育研究中，以期给师范教育与一线教师们提供一点参考。本卷是这方面的初步尝试，其中很多观点纯属拙见，正确与否需要经过实践的检验。

最后要对刘颖博士表示特别的感谢,他非常认真细致地审阅了书稿并提出了很多建设性的修改意见。如果没有他耐心的审读,书中错误与疏漏之处想必会更多。

曹广福

2018 年 4 月

目 / 录

第 1 章　问题驱动的数学教学　/ 1

第 3 章　从数学教育的本质看数学基础教育改革　/ 100

第 4 章　一堂关于《基本不等式》的"同课异构"评析　/ 124

第 5 章　函数教学与案例设计　/ 129

第1章 问题驱动的数学教学

1.1 数学教育的本质

1.1.1 我们该教什么样的数学

第二次世界大战结束后,国际上较早进行中小学数学教育改革的国家之一是美国。众所周知,自20世纪50年代以来,美国进行了4次大的数学教育改革[1],分别是:

(1) 新数学运动。

(2) 回到基础。

(3) 问题解决。

(4) 课程标准。

每一次改革都有着深刻的社会背景,例如新数学运动源于美苏军备竞赛,苏联人率先将人造地球卫星送上了太空,这让发了第二次世界大战横财的美国人心理很不平衡,他们认为科技实力是决定国家强弱的关键,而科技实力取决于基础教育,于是开始了著名的新数学运动。然而,若干次的数学教育改革,并没有能让美国人满意,他们甚至为他们的孩子在国际数学水平测试中表现欠佳而纠结,也因此对亚洲特别是中国的中小学数学教育产生了兴趣。2009年,中国第一次参加了国际PISA(Programme for International Student Assessment,国际学生评估项目)评估,图1.1是这次评估的数学素养分数对比。它显示了中国学生的数学测试水平远远高于国际平均水平,美国学生则低于国际平均水平[2]。

到底是什么导致了中美学生数学测试之间的这种差异?美国中小学

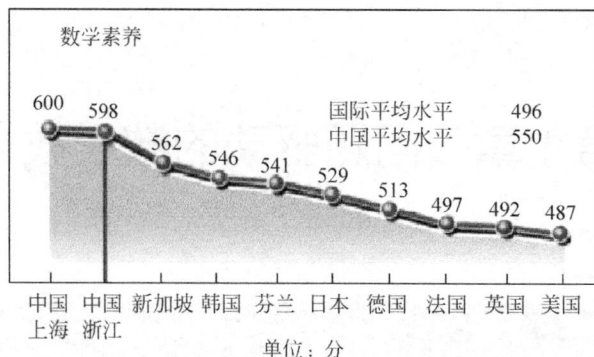

图　1.1

的数学教育真的不如中国吗？有一个很有趣的现象,中国学生在各种国际竞赛中成绩斐然,可中国的科技水平却依然与人家有着比较大的差距。北京大学郑也夫先生 2013 年 9 月在广州教育大讲坛上发表演讲,他认为在中国受过 12 年中小学教育的人即使进入哈佛耶鲁等世界名校也不会获诺贝尔奖,因为 12 年的中小学教育把人修理得已没有了想象力和创造力,只是一个考试机器。那么,美国的情况如何？在考试中觉得颜面无存的美国基础教育培养了多少个诺贝尔奖得主？成立于 1938 年的美国纽约市 The Bronx High School of Science 自 1972 年以来共出了 8 位诺贝尔奖得主(7 位物理奖得主,1 位化学奖得主),6 个毕业生获普利策奖[3],这不能不发人深省。美国人在教育问题上纠结,中国人也在教育问题上纠结,中国人纠结的是迄今为止,除屠呦呦外,中国大陆尚没有其他人获得自然科学领域的诺贝尔奖等国际性的大奖。科技实力取决于基础教育的观点为大家所公认,如果说中国的基础教育是世界一流的,为什么一流的教育却造就不出一流的人才？有人甚至认为:“中国的本科教育是世界一流的。”根据科技部统计,2017 年中国科技研发能力名列世界第 17 位,尚没有进入世界科技研发能力第一方阵。如果我们的中小学乃至大学本科教育是世界一流的,我们也认同科技实力取决于基础教育,那么,我们的科技水平落后于一些发达国家又作何解释？逻辑上是说不通的。美国中小学数学教育与中国中小学数学教育孰优孰劣？可能存在一个比较的标准问题,国际数学能力测试能不能说明问题？在多大程度上说明问题？说明了什么问

题？我们需要什么样的数学水平？如果这些问题不搞清楚，所谓的孰优孰
劣是毫无意义的。日本与中国同处于亚洲，日本学生的数学水平（按照国
际数学能力测试衡量）是不弱的，但与中国不同的是，日本的科技实力同样
不弱，不仅日本的科技产品遍布世界各地，而且诺贝尔奖与菲尔兹奖对于
他们也不新鲜。为什么两个同处亚洲、学生能力测试水平都不弱的国家科
技实力却相差很大？这同样是个值得深思的问题。美国学生数学测试水
平不如中国学生的内在根源是什么？中美之间中小学数学教育的差别在
哪里？我们认为主要体现在这样几个方面：

1. 教育理念不同

《数学教育概论》[4]中将数学的功能分成了几类，从教育的角度看，数
学的功能也许分为如下三类更合适：

（1）思维能力的培养。

（2）应用能力（包括计算）的培养。

（3）审美能力的培养。

历史上，西方将数学归类在哲学范畴，中国则将数学归类为技术范畴，
分类的不同体现了数学认识上的差别，也决定了教育方式上的差别。美国
中小学教育比较注重学生个性的张扬与兴趣的培养，喜欢就学，不喜欢可
以不学，不会因为学不好而为未来的生存担忧，他们的数学教育对技巧与
细节也许不那么关心。同时，美国也给热爱学习的学生提供了最优质的教
育。中国的教育则过于注重技巧与细节，而对于知识的趣味性及内涵的思
想则不那么关心，中国参加数学竞赛中的佼佼者最后有很多厌恶了数学甚
至放弃了数学。

2. 文化背景不同

中国无论是文还是武都讲究循规蹈矩，练字需要首先学会临摹，练武
需要首先学会一招一式，把式有一点点不标准也不行，必会被师父脚踹或
棍棒相加。模仿是中国从古到今的学习范式，最终能够不拘泥于一招一
式，自创招式甚至无招胜有招者大多成为大师，但这样的人风毛麟角。西

方更注重个性的张扬,不拘泥于小节与一招一式。一位留洋的博士写过一篇文章,讲到他的孩子在美国学习绘画与在中国学习绘画的经历。在美国,教师通常不给参照物,要求学生凭想象画出某个东西,例如,教师可能要学生画太阳,但并不事先在黑板上画好一个太阳让学生模仿,学生画好后的第一个问题通常是:"老师,我画得对不对?"中国则不然,通常是教师在黑板上挂一幅太阳的图画,或者在黑板上先画好一个太阳,然后要学生照着画,学生画好后的第一个问题通常是:"老师,我画得像不像?"这个简单的例子反映了不同的文化背景与教育方式。

3. 社会背景不同

美国的贫富差距比较悬殊,但城乡差别不是很大,乡下人不一定喜欢往城里拥,学生的升学压力也不大。中国也存在贫富差别,距离共同富裕还有很长的路程要走,城乡差别、大城市与小城镇差别巨大,社会产业结构、分配结构不尽合理,学生升学压力巨大。这些差别决定了美国的教师们可以在教育中更重视激发学生的学习动机,而在中国无论是教师还是学生、家长则时刻不敢懈怠。因为在中国的实际情况是:对教师而言,能让学生考个好成绩的教育就是好教育,对学生而言,能让自己改变命运的教育就是好教育。

美国的中小学数学教育是否成功不好评说,但美国人纠结于自己的学生在国际数学水平测试中表现不佳似乎显得有点妄自菲薄,因为数学能力的检验远远不是一张考卷可以完成的。说到底,评判教育成败的标准不是学生应试成绩如何,反映一个国家、一个学校教育水准的终极标准是毕业生的社会认同度,而这个度既无法准确量化,也无法立竿见影。国民素质的整体提升,科技实力的日益强大,百姓生活的健康安宁,幸福指数的不断提高才是基础教育成功的根本标志。这就衍生出另一个重要问题:我们需要教什么样的数学?

我们需要教什么样的数学? 简而言之:教有用的数学! 什么是有用的数学? 知识本身无所谓有用与无用,学习者会用,知识对于他就是有用的,学习者不会用,知识对于他就是无用的。有人认为,能解决实际问题的数学就是有用的数学,能解决实际问题的数学固然是有用的,但这远远不是有用数学的全部,甚至不是数学最重要的部分。

众所周知,数学是一门思维科学,属于哲学范畴,换句话说,它教给我们的是思考问题、解决问题的方法。大自然的神秘面纱远远没有被人类完全揭开,数学方法无疑是了解大自然必不可少的重要手段,可以说,没有数学,人类将无法真正认识并了解自然。面对神秘莫测的大自然,不仅现有的数学工具是不够的,即使是已有的数学工具,也远远没有弄清楚到底哪个有用,哪个没有用。正由于此,人们并不清楚很多现代数学与自然科学之间到底有没有关系,或者说,如今的数学对于自然科学到底有没有用?

历史上,数学与自然科学殊途同归的例子并不罕见,泛函分析的发展与量子力学的发展就是个典型的例证。柯朗(Courant)与希尔伯特(Hilbert)的书《数学物理方法》[5]最终为物理学家所推崇也充分说明了这一点。出现这种有趣的现象并不奇怪,因为数学与自然科学在方法论上是相通的。由此可见,数学的有用体现在两个方面:

(1) 科学的思维方法;

(2) 自然科学与现实生活中的应用。

从某种意义上说,前者更重要,因为科学的思维方法是了解未知的钥匙。

中小学课堂教了多少有用的数学?教材内容增加什么,减少什么也许不是最重要的,重要的是教师在课堂上做了什么。

目前的教材内容虽然发生了很大改变,但大部分课堂教学仍然过于注重数学技巧与细节,对学生的学习造成了极大的负担,却对数学知识中蕴藏的数学思想往往视而不见或忽略不计。这些技巧与细节对于提高学生的应试能力的确发挥了重要作用,问题是,这些技巧有用吗?它对于学生日后的工作与生活很重要吗?如果这些东西对他们日后的工作与生活无足轻重,他们为什么要学习这些东西?因此如何减少学生学习数学的负担,增加学习数学的兴趣,学点真正可以学以致用的东西,这才是当务之急,才是有意义与有价值的!

　　中小学数学内容大多数都是数百年以前的经典数学,经过了千锤百炼,其在自然科学、现实生活中的作用是毋庸置疑的,但为什么又有"毫无用处"一说? 这是因为教师的教学过于关注知识本身或者说过于关注解题的技巧,教了很多百无一用的技巧,学生满腹经纶,却没有将满腹的知识转化成内在的能力,面对工作中出现的各种实际问题依然束手无策,更不用说创新了! 所以在改革环节中教师怎么理解教材,如何实施教学的过程才是最关键的。改革的同时需要促进教师观念的改变:教学不应只是传授知识,更应重视培养学生思维能力及运用能力! 数学思维能力及运用能力的培养依赖于学生对数学的兴趣,这种兴趣来自哪里? 来自对数学的审美能力。数学的美概括起来大概有这样几个方面:

　　(1) 简单性;

　　(2) 对称性;

　　(3) 奇异性;

　　(4) 统一性;

　　(5) 抽象性;

　　(6) 哲理性;

　　(7) 趣味性。

　　数学之美如同数学思想一样被湮没在书本中,学生从书本上是看不到的,老师的任务就是要挖掘隐藏在书本知识背后的思想与美丽并展现给学生。一个精彩的课堂,其结构、形式以及教师的机智都可以散发出数学美的光芒。生于公元 410 年的希腊数学家普罗克洛斯(Proclus)对数学有过这样一番富有诗意的评论:

　　　　数学就是这样一种东西:

　　　　她提醒你有无形的灵魂;

　　　　她赋予她所发现的真理以生命;

　　　　她唤起心神,启迪智慧;

她给我们的内心思想添辉;

她涤除我们有生以来的蒙昧与无知。

这段话既是对"数学是什么"的回答,也是对"数学有没有用"的回答。

1.1.2 数学教育的本质是什么

柯朗认为:"'数学是什么?'这个问题,不能通过哲学概括、语意学定义或者新闻工作者所特有的迂回说法来做出令人满意的回答。"历史上东西方对数学的认识也有重大差别,中国古代将数学看作一门技艺,在学科分类中将数学归类于技术范畴。西方则将数学看作一种思想,将之归类为哲学范畴。这种对数学的不同认识同时影响了各自的数学教育。数学是什么? 在不同时期,人们对这一问题的回答各有不同,对于前辈们而言,"数学是人们为研究自然界而做出的最精致的发明。"数学始终与物理、天文、化学相伴,有时,人们甚至分不清某个科学家是数学家还是物理学家或天文学家,那时,数学是真正的科学皇后。虽然今天的数学与现实及自然科学似乎渐行渐远,但有两个问题是应该注意的:

(1) 直到微积分,全部的数学都源于自然科学,都是为了解决现实或自然科学中出现的问题。

(2) 即便是今天的数学,它与自然科学似乎没有直接的关系,人们却惊异地发现,很多现代数学与自然科学殊途同归。

无论人们对数学的认识有多么大的差异,有一点是毋庸置疑的:

数学因为问题而产生,因为解决问题而发展。

换句话说:问题是数学的核心! 是驱动数学发展的原动力。没有问题,既不可能有自然科学,也不可能有数学。全部数学的历史是不断发现问题与解决问题的历史。

希尔伯特讲过这样一句话:"一门学科如果能不断提出问题,那它就充满活力"[7]。这就给我们提出了一个问题:数学教育的本质是什么? 弗赖登塔尔认为：数学教育是数学的"再创造"[8]。既然数学教育是数学的再创造,数学教育自然离不开问题。具体地说,所谓数学教育即带领学生重走一遍数学发现之路,在发现的过程中构建数学的知识体系。

1. 什么叫问题驱动？

问题驱动一词源于国家自然科学基金委天元基金的一类项目,这类项目旨在针对自然科学与生产实践中出现的问题开展应用数学研究。课堂教学研究引进这个概念最早出现在一些物理文献中。张奠宙、张荫南的"微积分新视野"[9,10]中也使用了"问题驱动"一词。不过以往关于"问题驱动"的理解与这里的定义有所不同,过去人们对"问题驱动"有一种定义："问题驱动教学即所谓问题驱动教学方法,是基于建构主义教学理论,教师从学生所拥有的朴素的原始观念出发,设置一系列问题,并对这些问题分析与解决,让学生在思维参与中体验到许多的概念、公式、定理、解决问题的思想方法不是'天外来客',让学生在问题驱动下理解知识。"这个定义混淆了问题驱动与问题情境！它实际上指的是为教学而设计的问题链。所谓驱动式问题有两类,一类是促使一个概念、一个原理、一门理论产生的那些原始的问题,哲学上称为"本原性"问题。另一类是在理论发展过程中派生出来的与自然科学没有直接关系的问题,这些问题称为"派生性"问题。以微积分为例,微积分的产生源于 4 类基本问题：

（1）速度问题；

（2）光学与曲线的切线问题；

（3）面积问题；

（4）最大值、最小值问题。

这些都属于本原性问题。如何求函数的导数？如何求函数的积分？如何判断一个函数是可积的？可导性与连续性是什么关系,等等,这类问题就是所谓的"派生性"问题。我们为什么要强调问题驱动？这涉及数学教育的本质是什么,数学教育的本质在于通过数学学习为学生构建数学知识体系,从而使学生具备 3 个方面的能力：

(1) 善于用数学的眼光观察问题；

(2) 善于用数学的头脑思考问题；

(3) 善于用数学的方法解决问题。

一言以蔽之，即学会数学的发明创造。从这个意义上说，数学基础教育的根本在教师、在课堂。无论用哪种教材，甚至把几十年前的旧教材翻出来，再针对考试大纲补充适当的内容，也许可以取得与现行教材一样的效果。

数学的再创造存在 3 个方面的难度：

(1) 并非所有的概念与原理都可以还原它们真实的历史，需要老师通过合情推理，模拟其产生与发展的过程，没有研究经验的积累是做不到的；

(2) 数学家的认知能力与学生的认知能力是不同的，课堂教学需要将数学家的认知过程转换成学生可以接受的认知过程，同样需要研究经验的积累；

(3) 如何针对具体内容设置恰当的问题情境引发学生思考？没有相当的数学素养与眼界也是做不到的。

2. 如何实现问题驱动的数学教育？

弗赖登塔尔认为："数学教育要结合学生的生活现实与数学现实"。

所谓生活现实即学生生活中有过的体验，所谓数学现实即学生已具备的数学知识与素养。从这个意义上说，将驱动教学的问题通过适当的情境展现出来就显得很重要了，这就是问题情境。换句话说，课堂上展现出来的问题未见得是历史上解决这类问题的真实情境，但应该反映问题的本质。例如，我们在介绍导数概念时，不一定创造一个光学情境，毕竟不是每个学生都对光学有直接的体验，完全可以将问题创设在学生生活中司空见惯的情境中。重要的是通过学生熟悉的情境探究清楚问题的本质。教学中应该注意 3 个方面的问题：

(1) 有些教材中有不少问题情境是伪情境或者不符合学生的实际生活体验，所以课堂教学不能拘泥于教材。

（2）对一个问题的分析过程往往蕴含着许多思辨因素，所以教学中应该注重数学思辨。

（3）增强课堂的弹性。

这些问题后文将做详细阐述。

3. 数学课堂的灵魂是什么？

传统的教学注重的是知识传授与技巧的培训，忽略了一个更重要的东西——思想，缺少思想的教育不是教育，而是知识与技能培训。很多人认为，学生掌握了某门课程的知识，会运用这些知识去解决一些问题就足够了，在我看来，这只是低层面上的要求。

知识不是终极目标，它也是一种载体，承载着几十年甚至千百年来前人的智慧，这就是思想，换句话说，知识是思想的载体。

老师的任务是什么？透过书本挖掘隐藏在知识背后的思想并展现给学生，这才是真正的教育。知识迟早都会遗忘，留下来的才是教育、是思想。过去我们往往注重于教学的细节，从板书、语言表达、仪态到内容的组织，都讲究一板一眼，恰恰忽略或淡化了思想性。学生从中学到了很多知识，但这些知识都是僵化的，缺少鲜活的灵魂，学生不仅失去了学习的热情，也不知道所学何用，在学生看来，学习的目的是毕业、升学或找工作，至于这些知识与他们日后的生活与工作有什么关系则一无所知。

数学课堂的灵魂是什么？是思想，换句话说，数学教学过程应该是传授思想的过程。思想是通过什么来展现的？是问题，也就是说，数学课堂应该围绕着问题展开。数学的发展是个发现问题、分析问题、解决问题的过程，老师的任务则是凭借研究经验，通过合情推理回归这个过程。

从事科学研究的人都知道，首先需要选择适当的课题，你要清楚为什么选择某个课题？你想解决什么问题？如果你连这些问题都搞不清楚，你的选题必定是盲目的，前景如何就可想而知了。当你选择了一个课题，你需要根据你锁定的问题采用你所能想到的方法与手段去分析、演绎，最终得到你想要的结果。结果也许与你最初的设想有出入，但科学在于探索，如果结果是已知的,也就不成为探索了。

数学研究中有两个能力是必须的:

(1) 直觉;

(2) 逻辑演绎与计算能力。

直觉依赖于我们的科学素养与敏锐的"嗅觉",外尔(Weyl)在评价希尔伯特时曾说过这样的话:"他就像一条嗅觉灵敏的狗,能够敏锐地发现哪里有骨头并奋不顾身地猛扑上去。"很难想象,一个人如果没有了直觉,他能够从纷繁复杂的现象中发现有规律性的东西。

逻辑演绎与计算能力是一个人的基本功,没有很强的推演与计算能力,即使有好的设想也变不成结果,永远只能停留在猜想上。直觉可以帮助我们"大胆猜测",演绎与计算能力可以帮助我们"小心求证"。

4. 宏观与微观的结合构成完整的课堂教学

课堂教学离不开宏观与微观两个部分,所谓宏观即对于一门课程的整体把握,这就好比你选择某个课题,需要先清楚为什么选择这个课题,为了解决什么样的问题。任何一个学科都不是空中楼阁,都有其产生与发展的背景。

教师在开课时首先应该从宏观上把握该课程,向学生讲清楚想解决什么问题,很多概念的出现也就不奇怪了。对学科的宏观把握并不是件困难的事,事实上,任何数学史书都会对某个学科产生与发展做一个详细的描述,教师只要关心一下历史,读一读有关的史书就不难做到。读史书不仅有助于教学,对个人素养与眼界的提高也将助益良多。

所谓微观是指对某门课程中具体概念、定理的把握。有人把数学称为工具学科,这是对数学狭义的理解,数学更是一门思维科学,是锻炼人的思维能力的学科,如果我们将数学退化为工具,数学也就失去了她无穷的魅力。只有掌握了数学思想,学会用数学的眼光观察问题,用数学的头脑思考问题,才有可能在未知领域发挥数学的潜能。哈尔莫斯(Halmos)说:"具备一定的数学修养比具备一定量的数学知识要重要得多。"[11]

　　数学课堂离不开概念、定理、例题三个基本组成部分,如何解释概念?如何讲授定理?这是值得深入探究的问题。有些人认为,把概念的内涵与外延讲清楚就可以了,我觉得远远不够。任何重要概念的产生都有其重要背景,为什么会出现某个概念?为了解决什么问题?如果不弄清楚这些问题,概念也就成了无源之水、无本之木。

　　也有人认为,概念产生的背景可能比较复杂,历史也比较久,很难在有限的时间内解释清楚,于是有些教师为了阐述一个概念,杜撰了一些子虚乌有的问题用来解释概念,这些伪问题不仅篡改了历史,也误导了学生。虽然一个概念从产生到得到公认可能经历了相当长的时间,但它为什么产生,最终为什么得到大家认同还是可以解释清楚的。概念课教学应该尊重历史,而不是篡改历史。

　　很多教师在课堂教学中都是先给出一个概念,然后结合各种例子(表象)进行解释,这在认知心理学上叫作从定义到表象,有些人认为有些概念是可以从定义到表象的。如果单纯从知识的理解来论,这个做法没有问题,这也是很多老师的一贯做法,可是除非你一生从事有关的工作,否则知识总有一天将被遗忘,学生脑海里还能留下什么?

　　举一个侦探办案的例子,有人被杀了,侦探的任务是什么?通过收集证据、逻辑推理还原杀人过程,从而找到凶手。在这个过程中,凶手是未知的,最终才被发现。

　　无论是自然科学、数学甚至社会科学,一个概念、原理的产生都有个过程,从教育的角度看,这个发现的过程比概念、原理本身更重要,因为这才是创新能力培养的根本。正如爱因斯坦(Einstein)所说:"当你把学到的知识忘光了,剩下的就是教育。"这个所谓的教育就是发现问题、分析问题、解决问题的能力。

　　我们教育的最大问题是很多教师始终停留在传授知识的层面上,一些教育理论也大多围绕着如何更好、更有效地学习知识来进行,恰恰忽略了更重要的问题:知识的重要性体现在哪里?知识是怎么被发现的。从这个意义上说,教育的根本在具体的教学过程。

定理的讲授与概念课类似,除了一些著名的定理可以从史书上读到其来龙去脉,大部分定理常常是数学自身逻辑演绎的产物,虽然这些定理的产生也源于某些问题,但这些问题既有可能是本原性的,也有可能是派生性的。老师在介绍这些定理时不应该像有些传统教学那样先陈述定理然后寻找证明,而应该像做科研一样探讨这些问题,最终发现使得结论成立的条件是什么,这就是所谓的教学过程科研化,也称之为探究式教学。

总之,教师应该在数学课堂上引导学生完成3件事:

(1) 做什么?

(2) 为什么做?

(3) 怎么做?

这也是所有课堂需要解决的3个基本问题。

5. 研究型教学的可行性探究

所谓"研究型"教学最早来自20世纪初的美国,它是以知识教育为依托,以能力培养为主要内容,将学习、研究、实践有机地结合以引导学生的高度参与以及主动性的充分发挥,并且创造性地运用知识和能力,自主地发现问题、研究问题和解决问题,在研讨中积累知识、培养能力和锻炼思维。它是相对于以单向性知识传授为主的教学型教学模式提出的,是指融合学习与研究为一体的教学体系。该模式含有两个基本的内容:其一是以研究为本的学习模式为基础的教学过程;其二是学习过程与研究实践相结合的课程体系。从本质上讲,"研究型"教学与探究式教学并无多大差别,探究式教学最早由杜威提出[54,55],所谓探究式教学是指:"探究式教学,又称发现法、研究法,是指学生在学习概念和原理时,教师只是给他们一些事例和问题,让学生自己通过阅读、观察、实验、思考、讨论、听讲等途径去独立探究,自行发现并掌握相应的原理和结论的一种方法。它的指导思想是在教师的指导下,以学生为主体,让学生自觉地、主动地探索,掌握认识和解决问题的方法和步骤,研究客观事物的属性,发现事物发展的起因和事物内部的联系,从中找出规律,形成自己的概念。""研究型"教学主要针对大学教育,"探究式"教学主要针对基础教育,虽然在释义上两者有所不同,但并无本质差异,只是层次不同。

为了探讨"研究型"教学的可行性,我们在"实变函数"教学中讲授完勒贝格(Lebesgue)控制收敛定理后进行了一次教学实验。上课伊始,要求学生将教材合上,不得翻书,一是想借此了解一下学生课外到底有没有预习,二是检验一下学生的探究能力到底如何,所谓的研究型或探究式教学是否可行。

教师让大家拿出一张纸、一支笔,然后告诉大家:"请大家回顾一下控制收敛定理的证明,分析一下控制函数在证明中发挥了什么作用,这个控制函数是不是必需的?"

时间在悄无声息中流淌了二十分钟,总算有个同学自告奋勇上来给出了证明。当我要求同学们针对这个证明进行分析从而寻找控制函数在证明中发挥了什么作用时,集体茫然。于是我进一步引导学生分析整个的证明思路,控制收敛定理证明的基本思路是将积分域(集合)分解成两个部分,在测度较大的集合上,函数序列一致收敛(叶戈罗夫(Egorov)定理保证),在这个子集上,积分与极限自然可以交换顺序。在测度充分小的集合上,函数序列的积分被控制函数的积分所控制,此时,函数序列的积分值会不会随着 n 的变化产生大的变化? 这个时候学生才知道,由控制函数积分的绝对连续性可以看出函数序列积分的绝对连续性具有一致性,终于明白只要函数序列积分的绝对连续性是一致的,不一定需要一个可积的控制函数,于是发现了一个新的概念——积分等度绝对连续函数簇。在这个分析过程中只有几个学生勉强能参与,大多数学生仍然是一头雾水。从这个实验可以看出,学生没有养成课前预习、课后复习的习惯,将学习几乎全部寄托在课堂上,课后满足于完成作业。

接着,将控制函数用函数序列积分的等度绝对连续性取而代之,但暂且加上极限函数的可积性从而分解难度。由于有勒贝格控制收敛定理的证明在先,完成这个证明并不困难。

从温习控制收敛定理的证明到建立积分等度绝对连续函数簇的概念

直至假定极限函数可积的前提下完成积分与极限交换顺序定理的证明整整花费了两节课的时间。这还仅仅完成了维塔利(Vitali)定理的部分证明,真正困难的是放弃极限函数可积性假定,当函数序列具有积分等度绝对连续性时如何证明极限函数的可积性。学生在没有预习的情况下完全靠自主探究是很难搞清楚的,恐怕再有两节课也解决不了这个问题。

这个实验说明了什么?它证明了两点:(1)研究型教学带来的效果是讲授型课堂教学所无法相比的。事实上,由于整个过程都需要学生独立思考,学生的注意力高度集中,对概念与理论的理解自然比讲授为主的教学深刻得多,而且一些概念的建立、定理的发现与证明都是学生独立思考发现的。(2)"研究型"学习虽然是个行之有效的教学方法,但注定是个不具备普适性操作的理念,以维塔利定理为例,如果是老师启发式引导为主,最多一节课就可以完成概念的建立与所有的证明,按照上述方式展开教学,根本无法完成既定的教学内容。即使是在中学,也不适合全程采取这样的教学方式。

假定学生具有很高的学习积极性与主观能动性,学生在课前已经做了充分准备,甚至把书上的概念与定理都搞清楚了,研究型学习是否可行?这就给教师提出了一个高难度问题:"课堂上该设计什么样的问题?"依然以维塔利定理为例,假设学生课前已经清楚了积分等度绝对连续函数簇的概念,也把维塔利定理及其证明搞清楚了,课堂上教师还能干什么? 这时也许可以设计下面的问题:

(1)在勒贝格控制收敛定理中,为什么需要那个控制函数?它在定理的证明过程中充当了什么角色?

(2)控制函数是不是必要的?如果去掉控制性条件,结论还能不能成立? 如何保证结论仍然成立?

(3)为什么要寻找控制函数的替代物?你能比较控制收敛定理与维塔利定理孰优孰劣吗?

如果学生对控制收敛定理与维塔利定理融会贯通了,问题(1)与问题(2)的回答并不困难,但未必能判定问题(3),因为这涉及对数学结果的评判与审美。

什么样的结果是一个好的结果？学生很少具备这样的判断能力，教师有没有这样的能力？恐怕因人而异。例如，微积分中有一个关于函数黎曼（Riemann）可积的判别条件："假设 f 是区间 $[a,b]$ 上的函数，则 f 在 $[a,b]$ 上黎曼可积的充要条件是当 $\delta(\Delta) \to 0$ 时，$\overline{S}(\Delta) - \underline{S}(\Delta) \to 0$，其中 $\overline{S}(\Delta)$，$\underline{S}(\Delta)$ 分别是对应于分割 Δ 的大和与小和"。这个结果好不好？如果好，好在哪里？如果不好？不好在哪里？有多少人能做出判断？事实上，可积性问题直到实变函数中才能彻底得到解决。在控制收敛定理之后紧接着研究的一个问题就是函数的黎曼可积性，这时又有一个充要性判别条件："区间 $[a,b]$ 上的函数 f 黎曼可积的充要条件是这个函数的间断点集是个零测集。"比较一下两个充要条件，哪个更美？有经验的教师一定清楚，微积分教材中的判别条件将函数内在的特征掩盖住了，而实分析中的判别条件反映的恰恰是函数自身的内在特征。

文化是目前教育研究中炙手可热的词汇，什么叫文化？它与课堂教学是什么关系？具体到数学文化，它的内涵是什么？也许迄今为止我们尚未真正搞清楚。

知识与文化有关，但两者有本质不同，知识是死的，文化则是活的，换言之，知识只有与人相结合才能形成文化。具体到课堂教学，如果教师的课堂教学仅仅停留在就知识论知识，没有对知识的独立见解，也没有对知识的主客观评判，那么，他的教学就仅仅停留在传授知识的层面上。如果教师的课堂教学具有对概念、原理的深入剖析，而且这种剖析蕴含着自己对知识的独到见解，这种见解也许基于对历史的了解，也许基于自身的研究积累，那么他的教学就有了文化内涵。这就是课堂教学中知识与文化的差别。那种把文化教育定义成开设一些文化素质课实在是对文化狭义的理解。知识与文化是什么关系？简而言之，知识是人类智慧与文化的结晶，但知识不等于文化，同样的知识在不同的人眼里显示的是不同的影像，这种不同正是由文化决定的，也可以说是由素养决定的。

回到"研究型"教学，我们应该认真思考一个问题，"研究型"教学成功的基础是什么？有 3 个要素缺一不可：(1)学生的主观能动性；(2)教师对问题的掌控能力；(3)足够的时间。我们的教育现状满足这样的要素吗？"问题"是课堂的核心是很多人常常挂在嘴边的，很多课堂包括一些教材也貌似在不断提出问题，然而，当我们仔细推敲这些问题的时候，会发现很多问题其实都是些伪问题或无效问题，与概念、定理的建立与发现毫不相干，相关的例子不胜枚举。

假定教师具有足够驾驭课堂的能力，学生也具有足够的主观能动性，时间允许吗？没有深入一线进行实际操练，凭空想象的招式是经不住实践检验的。事实上，所谓师生之间的互动并非形式上的互动，更重要的是思想的互动，学生的思路能紧紧跟着教师的思路，这无疑也是互动的一种形式，启发式、探究式教学的内涵恐怕并不仅仅体现在学生形式上的参与。教师的课堂教学可以多种形式并举，例如，某些环节、某些章节可以采用所谓的"研究型"教学，但这种形式不宜过多，否则难以完成既定的教学目标。通过"研究型"教学让学生懂得如何发现问题、分析问题及解决问题就可以了，教学的大部分时间应该着眼于对知识的理解与融会贯通。

1.1.3　教师成长的代价

也许在很多人看来做教师并非一件难事，满腹经纶还能教不好乳臭未干的毛孩子？恐怕真没想得那么简单。

年轻人从当老师的那一天开始直到中年，其教学有多大长进？对教育有了多少领悟？而在成长的过程中需要付出多少代价？外科医生从实习到主刀需要相当长的时间，而且第一个手术通常需要有经验的医生在一旁指导，不小心给病人造成伤害也在所难免，这就是医生成长的代价。中医从入行到成长为经验丰富的名中医需要付出的代价就更大了，没有在大量病人身上的实践，大概很难成为一代名医。可在实践的过程中，病人需要承受多少痛苦？也许本来可以好得更快的病因为医生的缺少经验而延长了患病的时间，也许本来不需要承受的痛苦因为医生的误诊而承受了，甚至发生了意外。换句话说,医生的成长需要以患者的痛苦为代价,这话貌似有点危言耸听,但未尝不是事实。

教学失误的后果看起来没医疗事故那么严重,因为不会有人在教学中受到人身伤害,但这种伤害却是深远的,他影响的也许是受教者的一生。老师的一言一行,无不对学生产生重大影响,课堂生动有趣,学生不仅兴趣盎然,而且受益匪浅,课堂枯燥乏味,学生不仅兴味索然,而且浪费生命。

这些年带了一些教育硕士,大多数都是在职读书,生活中已经有了若干年的教学体验,有些甚至还是名校的名教师,然而从他们的论文可以看出,对教学缺少应有的思考,很多人似乎并不关心怎么教、教什么的问题,学生得高分才是王道。可是学生得高分的代价是什么? 是对知识的厌恶与求知欲的丧失。老师课堂上没有耐心对一个概念的来龙去脉详加解说,也不关心定理的科学意义,本来应该是教学重点的概念课与原理课变得无足轻重,老师关注的重点是怎么解题。根据我们有限的了解,造成教育现状的原因不仅仅是升学压力,还有更深层次的原因。一是我们的课改没有考虑到中国师资的实际状况,一群对微积分一知半解的人在教微积分,一群从没学过统计的人在教统计,效果可想而知。令人吃惊的是,这种教育的结果是学生照样可以拿高分,就像研究生可以不懂某个概念,但不影响他用这个概念写论文,匪夷所思却千真万确。二是一些老师自身对概念、原理的理解就有点肤浅,对数学史缺少了解甚至一无所知,要他讲清楚概念的产生与背景,讲清楚定理的科学意义的确有点强人所难。甚至有些经常在中小学老师面前指手画脚做报告,在全国中小学届赫赫有名的专家自身对历史、对知识的理解就很肤浅,例如你问他诸如孟子为什么叫亚圣的问题,他的回答多半会令你大跌眼镜。如果老师是个上进心很强的人,可以在教学中不断充实提高自己,可怕的是很多老师疲于教学、课外做家教,还有多少心思与精力提高自己? 这恐怕是我们的改革者没有注意的问题。

在我们增加所谓的信息量、知识量之前,为什么不想方设法让老师们先把传统的内容融会贯通呢? 为什么不鼓励老师们去好好钻研书本知识的深刻内涵呢? 老师自身对概念的产生与背景都一无所知,如何能向学生讲清楚这些概念？我们不了解历史为什么却有勇气站在讲台上对学生侃侃而谈概念的产生？就不怕将来学生了解了历史之后耻笑我们？与其讲那么多连老师自身都半懂不懂的新知识，不如让老师们先驾驭传统知识，让传统知识变得更有趣味性与"科学性"。

如果学生不知道知识为什么如此产生、为什么是这样而不是那样，那么学生学到的将永远只是知识而不是思想。一个涉及数以亿计学生的教育，岂是拍拍脑袋就可以决定的事？

教师的成长、学生的成长都是个漫长的过程，为什么不让教师的成长周期变得短一点？

1.1.4　博士该不该进中学

一份进中学当教师的博士名单惹得大家发起感慨来，有觉得浪费人才的，也有觉得可以实现自身真正价值的，可以免孩子教育之忧。各有各的道理，与研究生卖猪肉、掏大粪相比，也许当一个中学教师是更不错的选择。

博士进中学并非最近几年的事，十几年前就有留学日本归国的博士到小学当教师的案例，实在没必要大惊小怪，选择什么职业是每个人的自由，如果你认为博士进中学是教育资源的浪费，那么那位清华电子工程系的著名歌星又算什么呢？那些大学毕业甚至博士毕业后当村官、走仕途的人算不算浪费了教育资源呢？

问题是：

（1）博士进中学是不是无奈之举？

（2）博士该不该进中学？

关于第一个问题可能因人而异，有些人也许的确出于热爱，喜欢做中学教师，希望能凭借一己之力为改善中国基础教育现状做点贡献，也有些人或许真的出于诸如收入、孩子教育等方面的考虑，恐怕不能一概而论。

可能很多人认为，有大学毕业文凭，最多研究生毕业文凭，足可以胜任中学教育了,事实未必如此。

大学教师与中学教师的课堂教学有着显著的不同,最大的差别在于大学教师可能更注重内容的思想性(理论上如此),中学教师更注重细节与技巧,若论教学基本功,统计意义上讲,大学教师应该向中学教师学习。无论是语言、板书的规范性,还是课堂的细节,中学教师都做得更好。但如果换一个角度观察又会发现,中学教师大多数将教学重点放在知识的传授与技巧的训练上,这种现象与应试压力固然有着很大的关系,但如果没有应试的压力呢? 教师又能提供什么样的教育?

很多人认为教学水平取决于教学经验的积累,此言大谬,教学经验的积累的确可以让教师的教学变得更加成熟,但未必能决定他教学的高度,换句话说,经验的积累可以在同一层面上使他的教学更完善,例如教态、语言、板书等都可以通过经验的积累逐步规范与提高。然而,决定教师教育高度的根本因素则是教师的眼界与素养。如果一个教师能够抓住问题的本质,有自己对问题的独到见解,哪怕他的语言不够规范,仪表不够端庄,板书不够工整,他的教学也是高水平的。反之,如果教师缺乏把握本质问题的能力,教学只是停留在细枝末节上,无论他的举止多么高雅,语言多么幽默,板书多么工整,他的教学也是低水平的。

真正的教育,而不仅是教学,给教师提出了比较高的要求,它需要教师不仅具有一定的教学技巧,更重要的是需要具备一定的学科素养! 从这个意义上说,更多的博士从事中学教育绝对是一件利国利民的好事,而不是什么教育资源的浪费。

1.1.5　传统教学之殇

就个人喜好而言,我不喜欢一板一眼的课堂,曾经看到过一份数学课程的教案,具体到哪几分钟讲什么,哪部分内容板书在什么地方,我对这样的教案不以为然。

如果一节课详细到需要写几块黑板,概念写在什么位置,定理写在什么位置,证明写在什么位置,哪几分钟讲什么内容,这样的课必然呆板到令人大倒胃口。无论你的板书多么工整,也无论你的表达多么清楚,也未必是一堂好课。

数学教学过程是个传授思想的过程,这就决定了数学课在一定程度上是信马由缰式的,这样才能通过书本知识与教师内在素养的碰撞擦出思想的火花。而传统的教学常常讲究诸如板书之类的细枝末节。有一次,一位年轻教师征求本书第一作者的意见,他告诉作者,一位老教师建议他在讲课时要事先设计好板书,例如,事先将定理写在某个位置,一节课准备写几块黑板要做到心中有数。作者说:作为刚走上讲台的年轻教师,是应该具备一些基本的教学技能,但这些不是教学的根本。我在这位老先生的眼里一定是不合格的,因为我从不思考一节课需要写几块黑板,更不考虑什么内容写在什么地方,我写出来的定理甚至与书本上的表达方式不同,完全是即兴而成。而且,我甚至很少将详细的证明完完整整写出来,因为书本上已有完整的证明,我的侧重点是在如何发现证明,而如何发现证明则决定了板书不可能一板一眼。对我来说,板书不是为了供学生欣赏,而是为了帮助我表达思想,我甚至可能东一块西一块地"乱写",然后再往空白处填空。我以为如何书写,哪个部分用多少时间不应该事先规定得太死,那样就成了机械地生搬硬套了。我一般会将注意力放在这几类问题上。

(1) 这节课需要解决什么问题? 因为数学教学过程不是简单地教授知识的过程,一节课设计什么样的问题才是备课中最重要的环节之一。遗憾的是,我刚参加工作时聆听过那么多老教师的谆谆教诲,却没有一个老师告诉我这一点。

(2) 如何建立一个概念、如何发现一个定理? 从特殊到一般是建立新的概念或发现有规律性现象的一般方法,把有规律性的东西抽象出来就是定理或命题。然而,具体到某个内容,如何建立一个定理却并非易事,传统的教学往往忽略了这个环节,直接给出定理,然后讲证明。如果能脱离书本,将定理及证明有条有理、清清楚楚讲出来就算得上是一个好老师了。一个数学定理的建立通常需要这样几个过程:①发现问题;②大胆猜测;

③小心求证。传统教学直接给出定理等于省略了第二个过程,而这个过程对于培养数学直觉是至关重要的。建立定理的过程实际上是个分析问题的过程,其基本的方法是通过一些具体现象凭借经验与直觉猜测一般规律,这个过程即所谓的"大胆猜测"。

(3) 如何发现定理的证明思想?定理的证明过程是"小心求证"的过程,即从已知的条件或结果出发抽丝剥茧,最终发现内在的逻辑关系从而完成证明。从定理的建立到证明的完成体现出的恰恰是深刻的数学思想,如果我们不能把内在的思想挖掘出来,你的板书设计得再漂亮也只是花拳绣腿,你即使不按照书上的叙述方式书写,也不采用教材上的例题,也摆脱不了照本宣科的本质。

课堂受到课时的制约,很难做到既将数学思想挖掘出来又能像书本那样将证明过程详详细细完整写出来,在数学思想与证明细节之间必然要有所取舍。中学一节课的教学内容相对比较少,两者兼顾的可操作性相对大一些。但遗憾的是,很多人都选择了后者,因为后者比较容易操作,省时省力,学生也习惯于那种一板一眼的教学,课后可以省去看书的时间。

尽管我们国家获得了很多块奥林匹克数学竞赛金牌,尽管我们的PISA测试令世人瞩目,我们真的值得自豪吗?骄人成绩的背后,我们付出了什么样的代价?

学习是需要付出的,包括时间的付出、精力的付出,没有人可以做梦就能把学习搞好。我们的孩子付出了什么样的代价?家长们可曾问过孩子们的感受?为什么很多孩子一旦进入大学便失去了学习的热情?为什么我们大多数奥林匹克数学竞赛金牌获得者最终放弃了数学?为什么高分数的基础教育下没能产生未来的大师与行业领袖?为什么我们的科技实力依然落后于发达国家很多年?

东西方固然有着文化差异,也有着教育理念上的差异,这种差异导致教育方式的不同也是正常的。然而,仅仅是文化与教育理念上的差异吗?我们是否真正思考过高压下的基础教育带来了什么样的后果?

全盘否定中国的基础教育是不可取的,任何国家的基础教育都有值得肯定的地方。需要反思的是,我们的基础教育是不是优质的基础教育? 它能否成为国民素质与国家科技实力的保证? 如果不能,问题出在哪里? 需要做什么样的改革?

我们真的需要学习很多广而深的知识吗? 据说英国学霸尝试着做中国的数学高考题,正确率为 0,那些题对于中国的孩子的确不算难,但也不算显然。例如,求数列

$$1/2, 1/6, 1/12, 1/20, \cdots$$

前十项的和,要解这道题先要观察数列前几项的规律,如果你不懂得将数分解,就很难看出规律来,就算看出规律来,如果没做过类似的训练,也很难想到对分数做分拆。一道基本的计算题尚且需要拐几个弯,更别说中等题与压轴题了。若论中学数学涉猎的内容,恐怕更让外国的孩子们咂舌,概率统计、微积分、线性规划,这些本该大学学习的内容都下放到中学了,甚至小学就开始接触相关的概念。孩子们不仅课堂上需要注意力高度集中,而且需要花费大量课外的时间,否则不可能搞清楚很多概念,更别说完成家庭作业了。我们的孩子是以失去娱乐及青少年时期应该学习的课堂外的很多东西为代价取得高分的,这样的付出值得吗? 孩子们付出那么大代价学到的东西有多少对他们的未来是有用的? 付出那么多的代价将给孩子们的一生带来什么样的影响? 将给国家的未来带来什么影响?

我们基础教育的长处不能说没有,强化训练下总还是可以夯实基础的,但同时带来的副作用也是显而易见的。

(1) 学生不知道所学何用。如果你询问任何一个中学生,你学的某某知识有啥用? 他多半答不上来,如果你问他们某个知识点内在的原理,除了少部分学生,大多数学生还是答不上来。这不是学生的错,他们要学的东西太多了,根本来不及消化所学的东西,教师也没那么多时间为学生讲授知识背后的东西,不管是否真的理解了概念与定理,先练起来再说,正所谓练中学学中练,夹生饭的现象恐怕不是个别的。

（2）学生该学的没学到,学到的没学好。以数学为例,过去的数学内容远没有现在这么庞大,没有概率统计,也没有微积分,更没有线性规划,几何、代数是分开的,各自有一套相对完整的体系。例如,在三角部分,教师需要花很多时间讲三角公式,而这些公式在大学是很重要的,只要你学习大学数学,这些公式是必不可少的。现在的教材很多传统内容没了,但又增加了大量过去在大学才会学习的内容。有意思的是,学生进入大学后,这些知识还得再学一遍,大学教师也搞不清楚哪些知识不必再讲,哪些知识必须讲,基本上还是依照大学教材按部就班地从头开始,学生对那些内容似曾相识又似懂非懂。当教师需要运用本该在中学阶段学习过的众多公式进行推导时麻烦来了,学生对很多公式一无所知,教师只好再补充这些知识,感觉别别扭扭。我们的基础教育课程标准改革者与教材编写者也许该做一下调研:哪些内容属于大学预科知识?哪些内容不上大学可以不学、上大学后必须学?

（3）学生丧失了学习热情。如果孩子们在中小学学习积极性很高,到了大学,很多学生则走向了另一个极端,开始自我放逐,自暴自弃。不好说这是普遍现象,但至少不是罕见现象。出现这类现象的根源有 3 个:①学生在中学阶段的学习动力不是内在的,而是家长、学校强加给他们的,当这种外在的压力失去了,他们也就失去了学习的热情,除非他们找到了新的动力;②学生在中学阶段没有从学习中获得乐趣,有的只是苦恼,只有部分以学习为乐趣的孩子继续保持着学习的热情;③学生的学习目的不明确,不知道他们学习的知识有什么价值。

（4）学生丧失了创造力。中学阶段的学习基本上以模仿为主,尽管一贯强调启发式教学,创新教育也几乎成了挂在嘴边的口号,但实际的教育状况如何?只要走进课堂便知究竟。这与我们的传统教育理念不无关系,国人比较重视模仿,先做几个示范性动作,然后让学生依样画葫芦做练习,大部分学生除了模仿几乎没有自己的思考,创新教育从何谈起?

如果我们的基础教育让孩子们从好奇到畏难直到厌恶,这样的教育付出的代价未免太大了,还不如少教点内容,增强点趣味性与实用性,让学生学点他们觉得有用的东西。语文考试中作文是最难评分的,但作文是最能反映一个人文字功底与文采的,数学为什么不可以有类似的测试呢?哪怕只占一小部分也是好的。

只要社会资源配置问题得不到根本解决,基础教育的现状很难得到根本性改观,但减轻一点孩子们的负担,少点知识量总还是可以做到的,与其贪多嚼不烂,不如少而精致一点。

1.1.6 多媒体存在的意义

如今多媒体已经成为课堂教学的主流,问题是,课堂教学是否真正发挥了多媒体的作用?还是让多媒体成为老师"省事、省心"的一种手段?对数学课而言,我迄今尚没有看到一节真正超越传统教学的多媒体教学。

几年前,几十个教育硕士分成几个组进行答辩,在过去几年"痛下杀手"淘汰了几个答辩不成功者之后,大家对答辩重视了很多,至少在幻灯片制作、答辩态度上有了不少改进。那年有一个学生的选题是关于多媒体辅助教学的,笔者问他:"你们学校的多媒体教学已经很普及了吗?"他答:"是。"笔者又问:"你觉得多媒体在你们的课堂教学中到底发挥了什么作用?你认为与传统的教学手段相比,多媒体教学的优势到底是什么?多媒体与传统的教学是一种什么样的关系?"他有点不知所云了。他针对两个班进行比较,其中一个班采取传统教学,另一个班采取多媒体辅助教学,然后通过测验发现采取多媒体教学的班级成绩相对好一些。笔者对他这种"证明"方法有点不以为然,告诉他:"从目前大学的教学看,一点也没有看出多媒体辅助教学对教学质量的提高有什么促进作用,你通过成绩测试说明多媒体的有效性,其可信度有多大?你既然研究多媒体在教学中的作用,就应该首先弄清楚多媒体能干什么?它具有哪些传统教学所不具备的优势?只有弄清楚这些问题,你才能真正清楚如何发挥多媒体的作用。"可现状是,我们很多老师只不过将多媒体当成了一种"省事、省心"的好办法,有了多媒体就不用备课了,上课照着幻灯片念书就行,不仅没有发挥多媒体应有的作用,而且影响了教学质量。

就数学课而言,多媒体具有哪些传统教学没有的优势?它能在多大程度上取代传统教学?似乎很多老师并没有深入思考过这些问题,我们的多媒体课件也并非真正意义上的多媒体,只不过是将教案甚至书本搬到了屏幕上。曾有一个学生对笔者说:"老师,你上实变函数课太不划算了,费了很大的劲,一学期下来也就几十个课时,可那些上高数课的老师上课很省事,照着 PPT 讲就行了,不需要备课,却是你好几倍的课时。"大家也许对学生的话感到奇怪,少点课时不好吗?非也,课时是直接与薪水挂钩的,教授一节课六七十元起价,班级人数越多,系数越大,单节课的报酬也就越多。所以从来不需要担心课程是不是能安排下去,老师宁愿上大班课,这也是学生有这番感慨的原因。有了多媒体就更省事了,哪像实变函数课,虽然笔者曾经做过 PPT,但课堂上从来不用,一节课下来,不擦若干次黑板怕是不行的,这很不利于环保与身体健康。

笔者告诉那个硕士生,对数学课而言,与传统黑板相比,多媒体至少具有 3 个方面的优势:

(1) 取代传统的教具。过去上几何课时常常需要制作或购买一些教具,或者老师需要花很多时间在黑板上作图,有了多媒体后,可以利用数学软件制作一些平面与立体图形。

(2) 动态演示。利用动画演示可以展示一些变换过程,例如坐标变换、极限过程等。然而,现在的数学多媒体课件很少有动态演示,以微积分为例,极限过程、定积分求和过程等,都可以通过动态演示来帮助学生理解,这对于中学生更为重要。

(3) 提高教学效率。传统教学中,老师需要花不少时间在黑板上写定义、定理,有了多媒体后,老师可以通过幻灯片来展示。这样就节约了时间,老师可以有更多的时间进行分析。

教师的实际教学过程是否真正发挥了多媒体应有的作用?

1.2 "数学化"的数学教育与"生活化"的数学教育

1.2.1 纯粹与应用之间的平衡

数学教育生活化是最近几年基础教育改革提出的概念,它充分反映在我们的教材中。简单地说,所谓生活化即要结合生活实际,当然这个生活实际可以来自现实生活,也可以来自自然科学乃至社会科学。徐利治先生在一次访谈中说道:"有些教材,讲联系实际可以到高年级。到大学,搞应用数学、经济数学、生物数学当然联系实际了。这个一步一步来,而不能在中学教材里把这些东西变成杂质搞到教材里面去。我们以前学的东西都是很纯的、有趣的东西。基本东西学到手了,根深蒂固,令人终生难忘。(这些知识)学到手以后再解决实际问题不就方便了吗?"[53]。徐先生的意思是中学阶段最好纯粹一点,不一定强调生活化,我们姑且把徐利治先生的中学数学教育观称之为"数学化"的数学教育观。这里的"数学化"指的是数学教育的出发点或目标,是教育理念层面上的,与弗赖登塔尔认知层面上的"数学化"是不同的概念,后面会进一步解释。

数学教育是否需要结合应用?这个问题恐怕不能一概而论,有些数学理论的产生原本与其他学科没有多大关系,完全出于数学内部发展的需要,这时非要与应用扯上关系就有点牵强附会了。例如,集合论的产生源于微积分留下的问题,它与生活及自然科学并无直接关系,你如何强化应用?但有些数学理论的产生源于现实与自然科学,对于这样的数学理论是否可以离开促使它产生的背景就值得商榷了。例如,微积分与物理、天文有着深刻的渊源,微积分教育能离开这个背景吗?如果离开了这个背景,不仅会让原本生动的理论显得枯燥乏味,而且会使人产生空中楼阁的误解。

数学教育到底该强调什么?数学理论本身还是数学应用?也许有人

认为对于数学专业的大学生应该强调数学理论,而对于中学生与非数学专业的大学生则应该强调应用。在我看来,两者都有失偏颇。

从根本上看,数学教育不在于是否强调应用,而在于是否抓住了构建数学理论体系的真正问题。这些问题的出现也许源于数学内部的矛盾冲突,也许源于现实或自然科学的需要。为数学化而数学化或者为生活化而生活化都是不可取的,因此,真正的数学教育是围绕着促使概念、定理产生的问题展开,这种问题也许不是数学家当初建立某个概念、发现某个定理的原始问题,但它应该是教师通过合情推理而设计的真正有价值的问题。

1.2.2 数学与自然科学

当然,现代数学与自然科学犹如两股道上跑的车,相距越来越远。法国布尔巴基学派的代表人物丢东涅(Dieudonne)就曾对现代数学提出过批评:"许多数学家在数学王国的一角占据了一席之地,并且不愿意离开。他们不仅差不多完全忽略了与他们的专业领域无关的东西,而且不能理解他们的同事在远离他们的另一个角落使用的语言和术语。即使是受过最广博的训练的人,在浩瀚的数学王国的某些领域中也感到迷茫,像庞加莱(Poincare)和希尔伯特这样的人,几乎在每个领域都留下他们天才的印迹,甚至在最伟大的成功者中也是少而又少的极其伟大的例外。"由此看来,数学与自然科学似乎有点南辕北辙了。不过无须为此担忧,空中楼阁是不存在的,也许有一天,当你面对自然科学中的问题绞尽脑汁依然束手无策时,忽然发现这个问题早有解决的利器摆在那里,只是你没有发现,这就是数学,历史上这样的例子并不罕见。之所以出现这种奇特的现象,皆因数学与自然科学在方法论上有着共性。历史是个最好的筛子,它成功地担负着去粗取精的重任,把真正闪光的东西留了下来,若干年后,人们或许会发现,数学与自然科学原来殊途同归,从这个角度看,徐利治先生的话是对的。

有人把数学看成自然科学的工具,这只能说明他对数学缺少真正的了解,数学固然是工具,但它更是思考问题的普适方法,它是一种思想,过去西方将数学归类为哲学范畴是有一定道理的。如果你不会用数学的思维方式去思考问题、用数学的眼光去认识世界,而只是把数学当成一种工具机械地使用,就不能说你真正懂数学。

数学与自然科学的不同是显而易见的。从方法上论,数学大多靠逻辑演绎,特别是现代数学均建立在公理基础之上,根据这些公理与逻辑推演出一套理论,你可以承认或不承认这套公理体系,而自然科学通常需要做实证检验。从理论上看,数学无所谓真伪,重在自洽,在一系列假定之下推导出来的理论没有矛盾就成。但自然科学是需要证真或证伪的,一个结论是否为真,需要做重复检验,只有在重复检验下被证明是正确的才能说它是真的。

对数学的认识迄今依然有着两种截然不同的观点,有人认为数学是真理,甚至有人认为它是绝对真理,也有人认为数学不是真理。数学到底是不是真理?为什么有两种不同的看法?后文将会论述。面对一个数学结果,我们一般不说它是不是真理,而是说"它是否正确"?正确与真理是两个不同的概念。真理(truth)是人们对于客观事物及其规律的正确反映。正确(right 或 correct)的内涵非常宽泛,它与"真理"的区别在于,真理一般只用于与事实和规律相符的结论,至于道理和某种公认的标准,则不适合使用"真理"一词。真理偏重于客观存在的事实,正确偏重于目的与实践。数学是否是真理的争论与我们的数学教育密切相关!具体地说,就是现在争论的数学教育该"数学化"还是"生活化"?一般说来,一个数学结论如果可以称之为真理,那他一定是在实践中得到了验证,对于这样的结果,其教学不妨生活化,哪怕它的产生与实际并没有关系。但如果一个概念是纯数学的概念或者一个结果只是逻辑上正确的结果,这时一定要将其生活化必然显得不伦不类,甚至不可能做到。举例来说,微积分中有一个重要概念:不定积分,这是个纯数学概念,它是为了在导数与定积分之间架设一座桥梁而出现的,如何创设生活化的问题情境?

当然数学与自然科学也有相似之处,如果做类比的话,数学好比是印象派艺术,印象派艺术家关注的焦点是纯粹的视觉感受,内容和主题并不十分重要。数学家只关心纯粹的量与量的变化及其相互间的关系,不关心这些量的具体内容是什么,也可以说数学是用一种抽象的方式反映了自然界的规律。自然科学则好比写实派艺术,现实主义艺术家往往关注人生、关注生活、关注现实,他们赞美自然,歌颂劳动,深刻地展现现实生活。自然科学家关注具体的事物以及这些事物的变化规律。因此可以说,数学是印象派艺术,自然科学则是现实主义艺术。无论是印象派艺术还是现实主义艺术,它们都有一个共同特点,那就是"美",没有美就没有了艺术。同样,我们也可以说,没有美,就没有了数学,也没有了自然科学。

无论你的问题是来自数学,还是来自自然科学、社会科学,或者来自现实生活,它都不应该是令人费解的无效问题甚至伪问题,遗憾的是,伪问题在我们的课堂乃至教材中绝非鲜见甚至司空见惯。

1.2.3　纯粹数学、应用数学与数学应用

在进一步谈论之前,有三个概念需要澄清:纯粹数学、应用数学与数学应用。"纯粹数学也叫基础数学,是一门专门研究数学本身,不以实际应用为目的的学问,研究从客观世界中抽象出来的数学规律的内在联系,也可以说是研究数学本身的规律。"关于应用数学的定义我不敢苟同,根据百度搜索,是这样定义应用数学的:"应用数学(applied mathematics)是应用目的明确的数学理论和方法的总称,研究如何应用数学知识到其他范畴(尤其是科学)的数学分支"。这个定义前半句正确后半句错误,后半句误把数学应用当成了应用数学。所谓应用数学是面向应用的数学,侧重点在数学,换言之,应用数学研究的是数学而不是应用。最典型的应用数学是偏微分方程,很多自然科学中出现的微分方程需要数学家来研究,包括解的存在性、唯一性、稳定性等,但是这不是简单地运用数学知识到其他科学中,实际上自然科学中的问题一旦转化成数学问题,其研究就很难分清是纯数学还是应用数学了。那种将现成的数学知识运用到其他学科中不属

于应用数学,而属于数学应用。可以用一个简单的图形来表示纯粹数学、应用数学与数学应用的差别:

纯粹数学:数学→数学

应用数学:现实→数学

数学应用:数学→现实

人们以为纯粹数学与应用数学泾渭分明,恰恰相反,两者水乳交融密不可分,倒是人们常常混为一谈的应用数学与数学应用完全是性质不同的两回事。应用数学是数学家的研究领域,数学应用可做的人就多了,文理工医农林牧渔无所不可,运用数学到什么程度就因人而异各有奇妙不同了。

这些问题与数学教育有关系吗?当然有关系,它关系到数学教育的目标,是培养学生的数学素养还是培养学生的数学技能?我赞成弗赖登塔尔的观点:"数学教育是数学的再创造",但课堂涉及教师与学生两个方面,教与学之间存在某种平衡,所以我提出了"数学教育是数学的有限再创造"的观点。也就是说,学生是在教师引导之下进行数学的再创造,而不是独立自主的再创造。因为无论是学生的认知能力还是知识面都还远没有达到独立自主再创造的程度。

基础教育无疑是大众化教育,我比较认同美国的做法,给喜欢数学的孩子提供最优质的数学教育,对于那些不喜欢学习的孩子只提供必要的普及教育就可以了。但这注定是个理想,因为国情决定了家家户户望子成龙。不过这与应该如何进行基础教育并不矛盾,数学教育的本质不在于"数学化"还是"生活化",而是我们的教育目标是培养学生的数学素养还是教给学生一点数学技能?

如果我们的目标是教给学生一定的数学技能,问题就简单了,不需要系统的数学知识体系,像职业中学那样做就可以了。有人也许会质疑:"数学素养与数学技能有什么不同吗?"两者有本质的不同:"数学技能是顺利完成某种数学任务的动作或心智活动方式。它通常表现为完成某一数学任务时所必需的一系列动作的协调和活动方式的自动化。技能是对动作和动作方式的概括,它反映的是动作本身和活动方式的熟练程度。"

如果我们的目标是培养学生的数学素养,那就要清楚什么叫数学素养? 如何具备数学素养? 数学素养属于认识论和方法论的综合性思维形式,它具有概念化、抽象化、模式化的认识特征。具有数学素养的人善于把数学中的概念、结论和处理方法推广应用于认识一切客观事物,具有一定的哲学高度和认识特征。具体地说,一个具有"数学素养"的人在他分析问题与解决问题的过程中,常常表现出 3 个特点:

(1) 思考问题时懂得首先要界定概念和问题存在的条件(这些问题也许来自数学也许来自其他,生活化或数学化的出发点);

(2) 观察问题时善于抓住关键的量和不同量之间的本质关系,从表象逐步过渡到本质,从具体抽象到一般(弗赖登塔尔的数学化);

(3) 解决问题时善于将数学概念和定理具体化,用于认识并解决现实中的问题(固化与运用,生活化的目标)。

从上述三点可以看出,数学的"数学化"与"生活化"是解决问题的两个不同方面,两者缺一不可,片面强调哪一个方面都是不完整的教育。为了"数学化"而"数学化"或者为了"生活化"而"生活化"都是不可取的。如前所述,既然数学教育是数学的再创造,只需尊重数学发展的本来面目就可以,该"数学化"则"数学化",该"生活化"则"生活化"。对有些数学概念与定理而言,其教学过程可能既要体现"数学化"过程也要体现"生活化"过程,也就是从实际问题出发建立数学概念或定理,这是以"生活化"为出发点,同时也是弗赖登塔尔所说的"数学化"过程,将数学概念与定理运用于实际问题,这是以"生活化"为目标,也叫数学应用,这并非什么新鲜事物。

遗憾的是,我们常常犯两个错误:(1)走极端,偏重强调某一个方面,这不是一线教师的问题,而是指导者的问题;(2)不伦不类的"生活化"、"探究式"。

从纯粹数学、应用数学及数学应用的角度看,数学教育过程通常有这样几种模式:

数学化(出发点) 数学——数学(纯粹数学、弗赖登塔尔的数学化)——数学(纯粹数学、目标)

生活化(出发点) 现实——数学(应用数学、弗赖登塔尔的数学化)——现实(数学应用、目标)

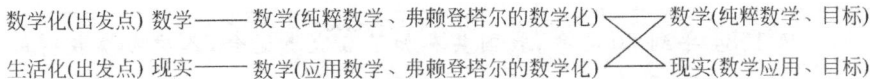

1.2.4 "数学化"的数列与"生活化"的数列

为生活化而生活化会带来什么后果？先来看看某版教材关于数列的引入：

2.1 数列

考察下面的问题：

某剧场有 30 排座位,第一排有 20 个座位,从第二排起,后一排都比前一排多 2 个座位(图 2-1-1),那么各排的座位数依次为

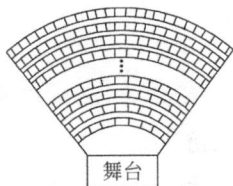

$$20,22,24,26,28,\cdots \qquad ①$$

图 2-1-1

人们在 1740 年发现了一颗彗星,并推算出这颗彗星每隔 83 年出现一次,那么从发现那次算起,这颗彗星出现的年份依次为

$$1740,1823,1906,1989,2072,\cdots \qquad ②$$

某种细胞,如果每个细胞每分钟分裂为 2 个,那么每过 1 分钟,1 个细胞分裂的个数依次为

$$1,2,4,8,16,\cdots \qquad ③$$

"一尺之棰,日取其半,万世不竭"的意思为:一尺长的木棒,每日取其一半,永远也取不完。如果将"一尺之棰"视为 1 份,那么每日剩下的部分依次为

$$\frac{1}{2},\frac{1}{4},\frac{1}{8},\frac{1}{16},\frac{1}{32},\cdots \qquad ④$$

某种树木第 1 年长出幼枝,第 2 年幼枝长成粗干,第 3 年粗干可生出幼枝(图 2-1-2),那么按照这个规律,各年树木的枝干数依次为

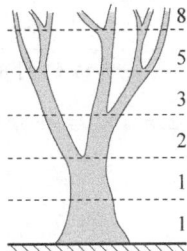

$$1,1,2,3,5,8,\cdots \qquad ⑤$$

图 2-1-2

从 1984 年到 2004 年,我国共参加了 6 次奥运会,各次参赛获得的金牌总数依次为

$$15,5,16,16,28,32。 \qquad ⑥$$

● 这些问题有什么共同的特点?

像这样按照一定次序排列的一列数称为**数列**(sequence of number),数列中的每个数都叫做这个数列的**项**(term)。项数有限的数列叫做有穷数列,项数无限的数列叫做无穷数列。

数列的一般形式可以写成

$$a_1,a_2,a_3,\cdots,a_n,\cdots$$

简记为 $\{a_n\}$,其中 a_1 称为数列 $\{a_n\}$ 的第 1 项(或称为**首项**),a_2 称为…

教材数列一节开篇引入了 6 个例子,意图也应该是明确的,让学生认识什么叫数列。接着,在等差数列一节又引入了几个例子:

2.2 等差数列

2.2.1 等差数列的概念

回顾本章第 2.1 节开始我们遇到的数列①,②,再考察下面的问题:

第 23 届到第 28 届奥运会举行的年份依次为

$$1984,1988,1992,1996,2000,2004.$$

某电信公司的一种计费标准是:通话时间不超过 3 分钟,收话费 0.2 元,以后每分钟收话费 0.1 元,那么通话费按从小到大的次序依次为

$$0.2,0.2+0.1,0.2+0.1×2,0.2+0.1×3,\cdots$$

如果 1 年期储蓄的月利率为 1.65‰,那么将 10000 元分别存 1 个

月,2个月,3个月,…,12个月,所得的本利和("本利和"是指本金与利息的和,按照单利计算本利和的公式是

本利和＝本金×(1＋利率×存期))

依次为

$$10000+16.5,10000+16.5×2,…,10000+16.5×12.$$

● 上面这些数列有什么共同的特点?

一般地,如果一个数列从第二项起,每一项减去它的前一项所得的差都等于同一个常数,那么这个数列就叫做**等差数列**(arithmetic progression),这个常数叫做等差数列的**公差**(common difference),公差通常用 d 表示。

你能再举出几个等差数列的例子吗?

例1 判断下列数列是否为等差数列:

(1) $1,1,1,1$;

(2) $4,7,10,13,16$;

(3) $-3,-2,-1,1,2,3$。

在引入这些例子之后便开始定义"数列"、"等差数列"的概念,这或许可以理解为从具体到一般的抽象化,或者叫"数学化"。这个数学化指的就是弗赖登塔尔的数学化,即数学概念或定理的建立过程往往包括了感知—概括—抽象—固化—运用等若干个环节,简单地说就是将某个具体的问题符号化,也叫做用适当的数学方法描述,该过程称之为数学化过程,这个过程可以在数学内部进行,也可以结合实际问题进行,要看具体的概念或定理的产生背景。对应于生活化的数学化指的是数学概念与定理的建立或发现可以局限于数学的内部,不一定与现实相结合。例如过去的教材或前苏联的教材大多如此。前者是微观的教法意义上的数学化,后者是宏观的教育理念意义上的数学化。徐利治先生针对数学教育生活化提出的数学教育不妨纯粹一点的意思显然是指宏观意义上的数学化。弗赖登塔尔"数学化"的"化"字指的是一个过程,宏观层面上的"数学化"的"化"字指的是

始点或终点。教法意义上的"数学化"属于众所周知的常识性问题,关键是如何运用到具体的课堂,这里"数学化"所指是后者。所谓教育生活化指的是要与现实生活、自然科学、社会科学相结合,生活化既可以作为教育的始点,也可以作为教育的终点,即从生活到数学,或从数学到生活。"生活化"对应的词是"非生活化",用于数学自然就是"数学化",只要把"数学化"与"生活化"相提并论,那么数学化的内涵就是确定的。把生活化与弗赖登塔尔的数学化概念相提并论意味着"生活化"与"数学化"是一个从低级到高级的过程,是教法或认知层面上的,这是个老掉牙的问题,理论上没有任何讨论的价值,研究如何从生活化到数学化的细节问题就可以了,更遑论作为数学教育改革的重要内容?教育改革提倡的"生活化"是针对传统教育的改革,那么传统教育是什么?当然是从数学到数学,也就是徐利治先生的"数学化"。这里所讨论的"数学化"与"生活化"指的是数学教育的始点与终点问题,即以数学为起点还是以生活为起点?弗赖登塔尔还有一个观点:"数学教育要结合学生的数学现实与生活体验",也就是说,通过学生已有的数学知识构建新的数学知识也是可以的,而不一定非得通过生活化的情境。根据概念、定理产生的实际背景决定采用什么样的问题情境,而不要纠结于数学化和生活化。但无论出发点如何,在教学环节上都存在一个从具体到抽象的弗赖登塔尔式的数学化过程。

教材显然忽视了一个基本问题:为什么要建立这些概念?它能给我们带来什么?教材从头到尾都没有回答这个问题。众所周知,任何数学理论都是在不断地发现问题、分析问题与解决问题的过程中逐步形成与成熟的,教材貌似也提出了问题:"这些问题有什么共同特点?""这些数列有什么共同特点?"等,回答了这些问题能对数列的认识带来多大帮助?为什么不可以开宗明义地直接告诉学生什么叫数列?不用这些例子会给学生带来对数列认识上的困难吗?学习了数列能帮助我们解决什么问题?从教材中看不到答案,简而言之,学生学完数列之后不知道能做什么,它的价值何在,这些问题恰恰是教材或教师在课堂上应该解决的。

数列并非一个晦涩难懂的概念,无论是生活化还是数学化都不会给学生的理解带来任何困难。关键问题是我们应该抓住促使概念产生的本质问题。

数列与级数是两个共生的概念,从数学的角度看,级数才是数学家关注的重点,也是对数学产生重要影响的概念。由于级数的收敛性取决于通项的性质,所以研究数列的性质是自然的。

数列(级数)最早出现在公元前 300 年左右,阿基米德(Archimedes)曾利用级数来计算曲边三角形的面积,例如抛物线 $y=x^2$ 与 $y=0$ 及 $x=1$ 围成的图形就是所谓的曲边三角形。有了微积分之后,这个问题显得有些平凡,但在两千多年前阿基米德就懂得用级数来计算它是一件非常了不起的事情。当然阿基米德并不是最早认识到数列的,古希腊的亚里士多德(Aristotle,公元前 384—公元前 322 年)也研究过数列。或许由于阿基米德比较早使用了级数的缘故,以至于后来有人把与国王下棋赢稻谷的故事安到了阿基米德的头上,至于历史上阿基米德是否真的与国王下过棋或者古埃及的丞相以稻谷为赌注与国王下过棋都无从考证,就像有些老师课堂上讲毕达哥拉斯(Pythagoras)参加宴会发现勾股定理一样让人难辨真伪,但作为故事讲给学生听未尝不可。

我国最早出现与数列有关的问题也在公元前 300 年左右,即上面教材中所举的《庄子·天下篇》中的"一尺之棰,日取其半,万世不竭"。虽然这个问题主要揭示了极限的思想,但的确出现了一个等比数列

$$1/2, 1/4, 1/8, \cdots$$

数列与级数是微积分不可分割的一部分,任何微积分教材中都会专门讨论,它对数学与自然科学的影响也是非常深远的。简单点说,用简单函数的和可以逼近一般的函数,特别是三角级数理论(傅里叶(Fourier)分析)堪称数学在物理学等领域最伟大的应用。这些对于中学生而言是陌生的,但对于中学教师应该有所了解。因为这涉及我们该如何开展数列的教学。

中学阶段不介绍极限,数列部分也仅介绍数列的概念以及数列有限项

的和,主要是两类数列:等差数列与等比数列。历史上等比数列的出现远早于等差数列,亚里士多德就研究过公比小于 1 的数列,并且意识到这个数列是可和的(用极限的语言表述即级数收敛)。等比数列的重要性远大于等差数列,我们判定一般正项级数的收敛性通常有比值与根值两种判别法,这两种判别法的基础都是等比级数。

对于中学生而言,数列一章的核心问题是什么?我认为是数列求和,这个问题不仅在数学上是重要的(它是级数理论的基础),在现实生活与自然科学中也是重要的,但由于求和问题涉及通项的变化规律,所以研究通项也是必然的。就数列概念本身而言,理解上并无实质性困难,无论是数学化还是生活化均无不可。

(1) 数学化的数列教学

数列的教学局限于数学的内部是否可行?会不会给学生对数列的理解带来本质的困难?不妨试一试。教学过程可以围绕着如下几个纯数学问题层层展开。

问题 1 你能快速算出 1~100 之内的自然数之和吗?

据说高斯在 5 岁的时候便解决了这个问题,对于高中生来说,这个问题应该不会太难,不会有哪个学生真的从 1~100 依次相加。

问题 2 有一组 100 以内的自然数,第一个数是 1,每相连的两个数之间相隔两个自然数,能否算出它们的和?

能解决问题 1 的学生对付这个问题应该也不难。

问题 3 有一组 100 以内的自然数,第一个数为 a,第一个数与第二个数之间相隔 1 个自然数,第二个数与第三个数之间相隔两个自然数,第 n($n<100$)个数与第 $n+1$ 个数之间相隔 n 个数,能计算出它们的和吗?

这个问题就有难度了,不要指望学生能算出来,目的是通过这 3 个例子感受一下数列概念,从中看出能否计算数列的和取决于通项的规律。在此基础上引出数列、数列通项以及数列求和的概念,从问题 1 到问题 3 直到数列概念的严格定义就是个从具体到抽象的数学化过程,这个数学化过程正是弗赖登塔尔所指的数学化。由此可见,数学化理念下的数学教育也需要一个从个别到一般,从具体到抽象的"数学化"过程。

以上的顺序与教材的顺序略有不同,实际上将一般数列概念与等差数列的概念合二为一了,逻辑上并不会带来什么问题。这些问题都是围绕着一个核心问题进行的,即如何计算数列的和。这是数列的根本问题,至于数列的通项以及微积分中数列的收敛性都是衍生出来的问题,数学与自然科学真正关心的是级数的可和性。

等比数列的教学也可以在数学化的理念下进行,完全不必创设一个生活化的情境,教师可以这样来一个开场白:"从前面的分析可以看出,等差数列是可以求和的,但一般数列的求和问题是困难的甚至是不可能的,那么除了等差数列之外,还有什么样的数列可以求和?"相信教师们都可以列举出很多等比数列的例子来,甚至还可以把亚里士多德、阿基米德搬出来"显摆"一下,当然他们的工作不适合详细介绍,因为他们研究的是级数的可和与曲边三角形的面积问题,不适合中学生,只能当故事讲,这里就不详述了。教师最好向学生指出,等比数列比等差数列更重要,为什么重要也需要说明。在课时允许的情况下,适当介绍一些数列的应用也是可以的,数学化理念下的数学教育不等于不要应用,这个应用可以是"数学化"的也可以是"生活化"的,只要不是"无病呻吟"的无效问题就可以。

(2)生活化的数列教学

数列的教学可否生活化?我认为也是可以的,但应该围绕着本质的问题创设现实的情境。例如可以将教材的例子做适当改造后来进行。

问题1 某剧场有30排座位,第一排有20个座位,从第二排起,后一排都比前一排多2个座位,请问第10排、20排及最后一排各有多少个座位?整个剧场有多少个座位?

这个问题的价值无须多说,普通百姓都明白,该问题比数学化的第一个问题难度可能稍大些,因为涉及实际的情境,学生思考的时间估计会多一些。它与数学化的问题1本质上没什么差别,相当于从20开始之后的若干相连偶数之和。在给了学生一定时间后,教师可以引导学生分析如何通过已知的条件来推断各排的座位数。在此基础上可以抛出一个问题：所有的情况下都可以这么做吗？我们不妨来看看另一个问题，仍是对教材中问题的改进，虽然这个问题没有什么实际价值。

问题 2　从 1984 年到 2004 年，我国共参加了 6 次奥运会，各次参赛获得的金牌总数依次为：

$$15,5,16,16,28,32。$$

你能据此推算出 2008 年及之后的奥运会上中国获得了多少金牌吗？能计算出从 1984 年开始到现在为止中国奥运金牌的总数是多少吗？

网上搜一下就可以得知后来各届奥运会中国获得的金牌数，但这些数之间并无规律可循，老师在引导学生思考这个问题之后，最好提供后续若干届的金牌数量，这样更有说服力。这里补充一下 2008 年至 2016 年我国参加奥运会获得的金牌数，方便使用。2008 年（北京）：51，2012 年（伦敦）：38，2016 年（里约）：26。显然从问题 2 中提供的数据无法推算出后面三届的金牌数，自然也算不出 1984 年以来获得的金牌总数，更不可能推算出以后各届奥运会中国可能获得的金牌数。

这个地方不妨稍微向学生强调一下数列通项的重要性，如果数列的通项之间具有某种内在的规律，那么通过这种规律可以推算出未知的项，它对于经济预测是非常重要的，事实上，经济学中的回归模型就是指数列的任意项与前若干项的某种关系。如果学生对此有兴趣，可以建议学生到网上或图书馆查阅资料了解什么叫回归模型，教师如果了解的话也可以做适当介绍。

有了上面两个问题做铺垫就不难抽象出一般数列及通项的概念，学生也不难理解为什么要研究数列以及研究数列的什么问题。

等差数列、等比数列的生活化教学可以如法炮制，但不能离开与数列有关的两个核心问题：(1)数列通项的规律；(2)求数列的和。教学过程按照这样的思路展开也能反映出数列的本质。有了前面的开场，后续的教学就可以根据应试的需要各显神通了。

1.3　课程标准与教材浅议

1.3.1　课程标准浅议

基础教育数学课程标准与教材对于基础教育的重要性不言自明,我国在教材改革方面做了大量的探索,取得了丰硕的成果,无论是内容的广度还是理论的呈现方式都发生了巨大的变化。本书第一作者长期关注中小学数学教育并深入一线与中学老师合作研讨,也曾有幸参与第一轮新课程标准的通讯评审,对中小学数学课程标准与教材略有了解。作为一家之言,这里粗陋地探讨一下课标与教材中的瑕疵,或许对于基础教育新课标及教材的修订可以提供一点微不足道的参考。

课程标准是教材编写及课堂教学的指南,课标的内容与体系是否恰当？是否符合教育规律？教材既是教育改革成果的集中体现,也是教师进行课堂教学的基础,教材的成败直接关系到教育的成败,一部成功的教材可以造福几代学子。多年的教育改革催生了一批基础教育数学教材,与传统教材相比,这些教材改进了什么？体现了什么样的教育理念？是否符合学生的认知规律？这是值得大家认真反思的问题。

与传统数学内容相比,新课标增加了概率统计、集合、微积分等内容,这些内容的增加符合国际基础教育的大趋势,事实上,很多国家都把概率作为中学数学内容。美国的中学虽然不针对所有学生讲授微积分,但 AP 课程却把微积分分成了好几个层次,为热爱数学的中学生提供更优质的数学课程。但是这些内容增加的范围、难度还是大有可商榷之处的。集合论为什么产生？中学有没有必要讲授集合论？如果后者的答案是肯定的,那么前者对于中学生就是重要的。事实上,函数与微积分完全可以脱离集合论而存在,前者的产生与集合论并无任何关系,相反地,集合论的产生恰恰源于微积分中遗留的问题。中学数学完全可以不必涉及集合,也许课标制定者认为应该让中学生对现代数学有所了解,但既然中学讲授集合,尽管只是一些简单的概念与计算,还是应该讲清楚概念的来龙去脉,而不应只是一些莫名其妙的符号与运算,这对于提高学生的兴趣与培养科学的探索精神无疑是有帮助的。

微积分是否适合"下放"到中学? 这也是个有争议的问题,与传统的形式逻辑相比,微积分涉及另一种逻辑——辩证逻辑,历史上人们对微积分及其逻辑的理解经历了漫长的过程,甚至产生过激烈的争论,导致了第二次数学危机,直到柯西(Cauchy)对极限概念给出了严格的数学化定义才使得争论烟消云散。争论的产生与微积分思考问题的特殊方式有关,这样的方式是否适合中学生是存疑的。有些令人费解的是,作为微积分最重要的概念,极限与连续恰恰没有出现在中学教材中,没有极限真的能讲清楚微积分吗? 如果微积分不需要极限,无穷小何至于引起数学界的轩然大波,以至于导致数学史上的第二次危机? 直观的极限与连续概念并不难理解,它们不比导数与积分概念更难处理。有了极限与连续概念才不至于在后续一些问题的处理中显得牵强附会,因为无论是导数还是积分都无法真正回避极限这个概念。

目前出版发行的中学数学教材有很多种,除了以人民教育出版社、北京师范大学出版社、华东师范大学出版社为代表的几种不同版本的教材之外,一些省也编写了自己的教材。与传统教材相比,这些教材具有几个方面的特点:(1)注重生活体验。这是符合学生的认知规律的,根据数学教育基本原理,数学教育应该注重学生的生活体验与数学现实,即已有的数学知识,教材较好地做到了这一点。(2)教材信息量大。这与课程标准的制定不无关系,客观地说,在基础教育阶段,适当增加知识的广度,对于开拓学生的视野、提高数学素养是有益的,至于深度如何把握则是个有待进一步探讨的问题。(3)注重数学史。教材中对数学史上一些重要的事件多有介绍,它对于激发学生的学习热情,理解一些重要数学概念与原理的来龙去脉无疑是有帮助的。教材的亮点很多,相信实际的使用者,中小学一线教师对此感触更深。

任何事物都没有绝对的完美,教材也不例外,这里主要讨论课程标准与教材中存在的一些疑问,希望能对今后的改进提供一点参考。以下并非针对哪一部教材,大多数问题可能具有一定的共性。

1.3.2 课程标准与教材中值得商榷的一些问题

课程标准是"规定某一学科的课程性质、课程目标、内容目标、实施建议的教学指导性文件。"课程标准与教学大纲相比,在课程的基本理念、课程目标、课程实施建议等几部分阐述得更详细、明确,特别是提出了面向全体学生的学习基本要求。"国家课程标准是教材编写、教学、评估和考试命题的依据,是国家管理和评价课程的基础。"从《国家基础教育课程改革纲要》[12]可以看出我国的课程标准改革有几大特点与趋势:(1)从"应试教育"向"素质教育"转型;(2)重建概念(包括"学习"与"学力"的概念、"课程与教学"的概念、"教师"的概念、"学校"的概念);(3)重建"学校文化"。

初衷是美好的,然而标准似乎忽略了两点:(1)课程的连贯性;(2)课程内容与学生认知能力的相互协调性。以平面几何为例,小学阶段便开始介绍抽象的直线概念,众所周知,欧氏几何中的直线是相当抽象的,向学生演示生活中见过的"直线",学生理解不会有多大难度,但是一旦上升到数学上的抽象直线概念,小学生具备这样的抽象能力吗? 第二次世界大战后美国第一轮数学教育改革的领军人物布鲁纳认为:"任何理论都可以用适当的方式教给任何年龄的儿童",美国第一轮数学教育改革的失败无疑扇了布鲁纳一记耳光。学生的认知能力是个随着年龄增长不断提高的过程,尤其是抽象思维能力的培养是漫长的,课标如此安排显然没有注意到学生认知能力的局限性。我们认为,小学是启蒙教育阶段,应以简单直观为主,不宜涉及太抽象的数学概念。此外,理论的连贯性对于学生的学习也很重要,学生刚学完直线概念,马上转向了与之无关的另一部分内容,直到上了初中才开始学习两点确定一条直线,经过了一个漫长的过程,学生对于曾经学过的直线概念是否还有印象?老师势必需要花费时间重温直线概念。数学理论本身具有极强的逻辑性与系统性,肢解开来不仅不能提高学习效率,反而起了相反的作用,所谓的螺旋式上升理论有待进一步检验。

教材中出现的问题更多,不仅知识支离破碎,而且伪问题并不罕见,这里提出几类值得斟酌的问题。

1. 问题的真伪性

注重问题的引入是值得肯定的,问题是一切科学的灵魂,纵观整个数学史,数学的发展是个发现问题、分析问题、解决问题的过程。教材由问题出发引入概念与基本原理是正确的做法,但是问题有真问题与伪问题之分,教材中应该尽量避免伪问题。

教材中关于问题引入部分值得斟酌的地方颇多。例如数学史上历经了近三百年之久的复数概念被教材一句数域的扩充便解决了。具体地说,为了让 -1 的平方根也有意义,于是引入了虚数概念。问题是为什么要引入负数的平方根?为什么要让方程 $x^2+1=0$ 有解?有一种观点认为,有些陈述性概念由于历史比较复杂,不妨先承认,将来再进一步澄清。即便这种观点站得住脚,也不应该以伪问题作为导入,因为历史上复数的出现与上述一元二次方程没有关系。

原理的引入也存在这个问题。某版教材为了引入基本不等式,以天平两边的臂长有误差为例引出了两个正数的算术平均与几何平均,然后不了了之,转入了基本不等式的证明。

　　把一个物体放在天平的一个盘子上,在另一个盘子上放砝码使天平平衡,称得物体的质量为 a。如果天平制造得不精确,天平的两臂长略有不同(其他因素不计),那么 a 并非物体的实际质量。不过,我们可作第二次测量:把物体调换到天平的另一个盘子上,此时称得物体的质量为 b,那么如何合理地表示物体的质量呢?

　　简单的做法是,把两次称得物体的质量"平均"一下,以

$$A = \frac{a+b}{2}$$

表示物体的质量。这样的做法合理吗？

以天平实验引入存在几个问题：（1）物理实验的误差通常涉及很多因素，包括刻度、人眼的观察等，如何保证天平两边的臂长一定是 l_1 与 l_2？如何保证肉眼读出的数据是准确的？（2）物体的真实质量一定是 a 与 b 的几何平均吗？如果不同的人各进行一次或多次测量呢？如何保证每次测量的值一定是一样的？如何保证这些值的几何平均都是一样的？这是否意味着无论测得的是什么值，物体质量近似值的算术平均一定不小于物体的真实质量？这些问题都是存疑的。

2. 内容的科学性与严谨性

数学是严谨的科学，教材的陈述应该尊重数学的科学性与严谨性。就数学概念而言，其认知过程通常需要经过"感知、想象、概括、固化、应用、结构"六个环节，这六个环节不一定需要在教材中完整体现，更多地体现在课堂教学中。但作为数学概念，其定义应该是严格的，数学概念大体可以分为两类，一类是描述性概念，也可以称之为"原生性"概念，它是从同类客观现实对象中抽象而来的，其形成是一个不断归纳的过程。另一类是以数学概念为基础经过抽象而形成的概念，其形成过程通常是归纳、演绎等一种或多种数学推理参与完成，这类概念也可以称之为"次生性"概念。教师可以在课堂教学中通过各种实例找出其中的共性，最后形成原生性数学概念。教材可以从实际出发引入概念，也可以直接给出严格的数学概念，因为教师的课堂教学需在教材基础上再创造。对于"次生性"概念，教师则要视情形采取合适的方法。但是，不管选择什么陈述方式，数学概念的定义应该是严谨科学的。

人教版初三教材[14]中概念的定义便存在一些问题，以正弦定义为例。sine（正弦）一词始于阿拉伯人雷基奥蒙塔努斯（Regiomontanus）。他是 15 世纪西欧数学界的领导人物。教材将正弦定义一章取名为正弦函数，正弦函数也许是一种习惯说法,科学地讲,这个时候学生还没有学习弧度制,一个角的正弦并不是严格意义上的函数(当然,可以定义为广义上的函数),因为按照函数的标准定义,一个一元函数一定是从数集到数集的对应关系,角的集合有别于数集。用"角的正弦"或"三角比"也许更合适。正弦定义的探究也有值得商榷的地方,既然是探究,那么此处探究的难点是如何想到用角的对边比斜边? 关于这个问题将在后面给予详细说明。

数学内容应该体现其思想性。以勾股定理为例,几乎所有的教材都忽略了勾股定理中所体现的深刻思想:(1)勾股定理的科学意义是什么? 如何发现直角三角形三边之间的关系(即勾股定理。三角形的边长决定了该三角形的面积,可以通过不同的面积公式发现三边之间的关系,例如可以先从等腰直角三角形开始,如果直角边的长度不同又怎样寻找直角边与斜边的关系呢? 方法依然是通过面积的等量关系)? (2)勾股定理的证明体现了什么思想方法? 没有一个教材或教案说清楚这两件事,不是以毕达哥拉斯故事开始就是用赵爽弦图作为引子。说清楚勾股定理的科学意义将为后续的一般三角形求解(例如正弦定理、余弦定理)埋下伏笔,而长度问题转换为面积问题或面积问题转换成长度问题则是几何中常用的重要思想方法。

3. 历史事件的偶然性与必然性

与日常生活一样,科学的发展也存在偶然性与必然性,教材在选择历史事件时应该选择根据科学原理获得的具有必然性的事件。某些带有偶然性的事件可以作为人文轶事的课外参考,而不应作为引发重要概念与定理的依据。

以数列为例,教材应该如何引入数列的概念? 江苏版高中教材[15]以 1801 年意大利天文学家比亚兹发现的谷神星为例说明数列的重要性是值得商榷的。这一章的开篇写道:

> 下面一列数
>
> $$3,6,12,24,48,96,192,\cdots$$
>
> 同学们可能并不在意,但普鲁士天文学家提丢斯却把它和下面的

表格联系起来,推导出从太阳到行星距离的经验定律,并探明了一些新的行星(或小行星)! ……

教材似乎混淆了物理经验与数学原理之间的差别,提丢斯发现几个行星到太阳的距离与他给出的数列中前几项的数字比较吻合,于是猜测在这些位置应该有一些新的行星。这里有几个问题是存疑的:(1)根据这个数列可以发现多少行星? 是不是行星的分布真的符合这个规律? 被发现的行星是偶然的还是必然的?(2)根据逻辑演绎出的数学定律与科学原理相吻合的例子确实司空见惯,问题是天文学的这个经验被证真或证伪了吗? 一个科学经验如果尚未被证真或证伪,是否适合拿到教材中作为驱动重要数学概念或原理产生的本原性问题? 从数列产生的时间点看,它也远比谷神星的发现早得多,微积分的诞生都已经是三百多年前的事了。

换一个角度说,引入性的例子应该反映概念或原理的本质。数列的本质是什么? 是变化着的量,换句话说,随着项的不同,这些数在变,具体地说就是按照一定顺序排成一列的数。用映射的语言来说即自然数集合到数集的一个对应关系。生活中、自然科学或社会科学领域数列的例子俯拾皆是,天文学的例子虽然有物理味道,却淡化了数列的本质,这个例子强调的是数学规则推演出的数列与行星的关系还是强调这个数列本身? 如果是前者,这个关系是不清楚的,也无法从数学上搞清楚,甚至这种关系可能根本不成立。

数学教材能结合生活实际与数学史甚至自然科学固然是件好事,但这种结合应该是自然的,不应该为了结合而结合,否则将显得牵强附会。人教版教材对于数列的呈现方式还是不错的,简洁明了。数学教材中不一定所有内容都需要生活化,尤其涉及历史的时候需要尊重历史,这里的历史主要指与重要数学概念或原理的产生相关的历史,即促使这个概念或原理产生的最初根源,或者叫本原性问题。天文学的例子作为阅读材料或作为附录的方式呈现未尝不可,但作为概念的引入多少有点不那么自然。

4. 主题的鲜明性

无论是教材的一章还是一节,应该明确主题:需要解决什么问题?这个问题的重要性体现在哪里?如果没有把握说清楚问题本身的意义,宁可不说,可以直奔数学化的主题。例如,在基本不等式一节,人教版教材开宗明义,通过代数式直接给出并证明了基本不等式,这比设计一个伪问题、伪情境强得多。有些教材中不仅存在很多伪问题,也存在一些主题不明确的问题,二元一次线性规划部分便是如此。苏教版教材没有讲清楚线性规划是干什么的,可以解决什么问题,而是先设计一个与二元一次不等式(组)相关的生活问题,在区域的形状上纠缠半天。第二节从数学上的一个例子开始求二元一次函数的最值,再也没有回头关注一下第一节开始的生活中的例子。当然如果像人教版教材那样标题本身就是"二元一次不等式(组)与简单的线性规划",那么线性规划作为二元一次不等式(组)的应用之一,可以暂且不提线性规划。似乎没必要着意为了生活化而设计一个生活中的问题,直接数学化未尝不可。在这个问题上,人教版的教材更严谨一些。虽说有鸡蛋里挑骨头之嫌,但作为涉及千家万户学子的基础教育教材,精益求精也是应该的。笔者认为,如果这一章开始就通过实际的例子阐明线性规划的重要性,然后指出解线性规划问题的关键是搞清楚可行域,再回头研究二元一次不等式(组)或许更符合逻辑。

1.3.3 如何处理教材与课堂之间的关系

应试教育在相当长的时期内无法改变,课程标准与教材也毫无疑问会不断推陈出新,但无论是课程标准还是教材改革都无法直接扭转中国基础教育的现状。真正有可能改变现状,让学生在应试教育这个特定的大环境下能学以致用的唯一途径在一线课堂。

美国著名数学家与数学教育家哈尔莫斯说:"学习数学的最好方法是做数学"[11],由此可见,一定量的练习是学好数学的必要条件,从这个意义上说,全盘否定应试教育显然是不恰当的。但是过分强调解题的技巧性甚至使用题海战术以求高分则违背了解题的初衷,失去了解题的真正价值。哈尔莫斯认为:"具备一定的数学修养比具备一定量的数学知识更重要"[11],教师在强调解题的同时更应该注重课堂教学的思想性,注重学生数学素养的提高。具体地说,课堂教学可以在如下几个方面大胆尝试:

(1) 抛弃充斥于教材中的伪问题,以真正的问题驱动课堂教学。数学教育远没有人们想象的那么简单,理论上讲,数学教育过程应该是一个还原数学发展的过程,而全部数学发展的过程是发现问题、分析问题、解决问题的过程,因此,课堂教学离不开问题。但存在三个方面的难度:①并非所有的概念与原理都可以还原它们真实的历史,需要老师通过合情推理,模拟其产生与发展的过程,没有研究经验的积累是做不到这一点的;②数学家的认知能力与学生的认知能力是不同的,课堂教学需要将数学家的认知过程转换成学生可以接受的认知过程,这同样需要研究经验的积累;③如何针对具体内容设计恰当的问题情境引发学生思考?没有相当的数学素养与眼界也是做不到的。问题情境有真情境与伪情境之分,真情境至少应该满足下列 3 个条件之一:①具有较重要的现实意义;②具有较重要的科学价值;③具有较重要的数学价值。教师需要深入钻研教材,辨别教材中是否存在伪情境,进而设计出课堂教学中需要的真情境。

(2) 不拘泥于教材,教学中引入思辨因素。自从实验科学产生之后,思辨逐渐退出了历史舞台,然而,思辨是思想的源泉,离开了思辨,创造性无从谈起,无论是数学还是自然科学或社会科学,其产生与发展的过程都离不开思辨。我们的数学课堂过分强调了逻辑演绎能力与计算能力的培养,忽略了思辨能力的培养。等量关系、等价关系、分类思想等都可以运用于思辨。例如:"一位顾客到肉摊上买了 51 元的猪肉,给了屠夫 100 元大钞,屠夫没钱找,便向卖菜的邻居借钱。屠夫原本欠卖菜的 50 元钱,又买了邻居 9 元钱的菜,邻居就给了屠夫 41 元,屠夫找回顾客 49 元。顾客走了以后,卖菜的邻居告诉屠夫那 100 元钞票是假的。请问屠夫该还给邻居多少钱?他共损失多少钱?"不懂得思辨的学生可能需要计算半天,说不定还算错了,但如果运用思辨的方法会轻而易举。可见课堂教学中适当引入思辨方法是有必要的。

(3)增强课堂的弹性。也就是很多人常说的分层次教学,但我不同意分层次这个说法,事实上在课堂上很难真的将学生分成不同层次进行教学。比较合适的提法是课堂内容具有一定的弹性,让学有余力的同学可以学到更多,从中发现具有天赋的学生并加以提升,学习困难的学生只需掌握比较基础的内容,不过实际操作起来有一定难度。有待进一步探索切实可行的方案。

总之,教材只是承载知识的半成品,需要教师课堂上再发挥。知识本身也是一种载体,它承载着某种思想,教师课堂上的任务则是透过书本知识,引导学生发现隐藏在知识背后的深刻思想,这才是真正的教育。

1.4　数学课堂教学与评价的核心要素

1.4.1　关于课堂教学的形式

有一天,刚下课便有学生问:"老师,这周五还上课吗?"我反问:"为什么不上课?"学生回答:"因为有通知这周五停电。"我感到十分奇怪,这是哪一家的规定? 停电了居然可以不上课,那些没有电的偏僻山区岂非不用办教育了? 我问学生:"这是学校的规定吗?"学生告诉我:"学校没有规定,但有些老师是这样的。"这让我想起有一次某老师上课恰逢有人听课,不巧的是她平时上课的课室没电了,她也就没了"电",上不了课,于是临时换了一个有电的课室。当然,老师可以解释为这节课需要 PPT 做黑板做不了的事,例如动态演示云云。可如果整个楼都停电了呢? 是不是就不必上课了?

我有一次上课忘了带 U 盘,出差时习惯性地将 U 盘放在包里,以备不时之需。万一人家将我一军要求我临时做个报告啥的我却做不出来岂不贻笑大方？当然,没有 PPT 信口胡侃几句也不是不可以,那样未免显得不够慎重,何况现在很多报告厅只有屏幕没有黑白板。怎么办？回去拿 U 盘？来回至少 15 分钟,显然来不及。出几道题让同学们做做？这倒不失为一个应急的好办法。问题是耽误了一次课,后面的教学任务就更重了,虽然没有人勉强我一定要教到什么章节,但我自己有教学计划,总得完成既定的目标。

本来已经放下了屏幕、打开了投影仪,我悄悄地把屏幕抬了上去,把投影仪关了。然后自嘲地对学生说:"忘了带 U 盘了,看来这是要考验我,咱就当停电了吧。"课堂按部就班正常进行了起来。

一个众所周知的事实是,自从有了多媒体,教师的确从大量的板书中解放了出来,少吃了很多粉笔灰。每当我走过课室,发现无论是数学、英语还是经济学或者其他课程,很多教师高坐讲台之边,手把着鼠标,眼对着电脑屏幕侃侃而谈。我不由一声感慨:"我咋就没这么好的福气呢？我甚至觉得我若是坐着讲课将是一种罪过。"

多媒体对学生而言不见得是个福音,尤其是数学课要面对很多演算,教师需要挖掘隐藏在概念、定理背后的思想,这就不是 PPT 能做到的了。PPT 充其量只是个教学辅助手段,永远无法取代传统的教学方式,它能发挥的作用最多就是把概念、定理以及一些静态、动态的图片事先放在屏幕上,这样可以节省一点板书的时间,也可以完成传统板书完成不了的一些工作。但现实是多媒体不仅取代了板书,也阉割了教师的思想,学生在课堂上看到的是与教材一样冰冷的符号与文字。我曾看到一个老师通过 PPT 讲解一道题从题目到证明过程仅仅花了不到一分钟的时间,不知道有哪个天才的学生不仅能一目十行,还能同时理解其解题的思想？

我们一直在强调多媒体等现代化技术的应用,但凡课堂教学评价,其中必有一项与之有关的指标,如果这项指标为零,整体得分注定不会高。有一次几个专家听本书第一作者的课,执教者首先声明:"很抱歉,我上这门课从不用多媒体。"也许是专家们认同执教者的观点,并没有因为不用多媒体而扣分,在全校课程评选中,该课居然遥遥领先,专家打分高达 98 分,可见与潮流持不同"政见"者并非个别人。

我们不反对用多媒体,但不能过度依赖多媒体,不同的课程对多媒体的运用也是很不相同的,我既反对坐着上课,也反对滥用多媒体,甚至除了多媒体就上不了课,那样对于学生无疑是一种灾难。

数学课堂到底该教什么? 课堂教学的本质是什么? 如何评价一节课? 评价一节课的核心指标是什么? 这是我们长期以来一直在思考但未必真正搞清楚的问题。

评价一节课的指标很多,中学大学皆然,这些评课指标通常包括教学内容、教学各个环节的掌控以及教师的教态、语言、板书等等,然而,实际的教学与评价往往停留在知识的简单传授,缺乏对课程内容的深刻理解。本章试图针对概念课、原理课的教学探讨数学课堂教学的本质是什么? 如何体现这种本质? 如何判断一节课的优劣? 其核心要素是什么?

1.4.2 数学课堂的核心要素

围绕问题展开的课堂教学大致由四个教学环节组成,即创设问题情境环节、分析问题环节、解决问题环节以及固化与运用环节,每个环节中都包含着核心要素。

1. 问题情境

数学教育的本质是什么? 要弄清楚这个问题,首先要清楚数学的本质是什么。这是两个哲学范畴的问题,迄今并没有统一的标准答案。但有一点是众所周知的,任何学科从产生到发展直至最终完善都是个发现问题、分析问题、解决问题的过程,没有问题的出现与问题的解决,也就不会有自然科学,数学亦然。希尔伯特认为:"一门学科如果能不断提出问题,那它就充满活力[7]。"由此可见,问题是促使一门学科发展的原动力。

弗赖登塔尔认为:"数学教育是数学的'再创造'"[8]。换言之,数学教育的本质在于引导学生重新发现概念与原理从而构建数学知识体系。可见数学教育同样离不开问题。然而,尽管我们一贯提倡提高学生解决问题的能力,课堂貌似围绕着问题展开,但教师所设计的问题普遍停留在知识与技术层面上,缺少对本质问题的探究。

问题有真问题与伪问题之分,问题与问题情境也有着本质不同。数学课堂需要围绕着什么样的问题展开?这样的问题与问题情境是什么关系?这是需要搞清楚的。

任何概念与原理都不是空中楼阁,中学数学中无论是概念的建立还是原理的发现都是为了解决某个或某类问题。而解决什么问题则是教师在设计教案前首先应该思考的问题。只有弄清楚问题之后才真正进入教案设计环节,教案设计的一个难点是创设合适的情境从而将问题嵌入到该情境中形成问题情境。

何谓真问题?促使一个概念产生或一个原理被发现的那个原始问题就是真问题,否则就是伪问题。真问题又分为"本原性"问题与"派生性"问题,所谓本原性问题是指促使事物产生的最初根源,所谓派生性问题则是指某个理论在产生之后根据自身发展与逻辑产生的问题。古典数学与近代数学的本原性问题常常与生活或自然科学有关,但理论的发展过程中又常常滋生一系列"派生性"问题。例如不定积分概念是一个纯数学的概念,它本身与自然科学无关,是数学家发明出来的东西,它之所以出现是为了计算函数的定积分。事实上,在定积分概念出现之前,面积问题就已经是大家关心的问题,只不过在定积分出现之前,人们能计算的面积是十分有限的,即使是圆的面积问题也不是平凡的。当有了定积分概念后,面积问题一下扩展到了非常一般的图形,其解决也有了更有效的数学手段。但是在牛顿-莱布尼茨(Newton-Leibniz)公式出现前,定积分的计算仍然是困难的,正是定积分的计算问题促使了不定积分概念的产生以及牛顿-莱布尼茨公式的出现。

数学教育的根本是传授数学思想,而承载数学思想的最好媒介是促使理论形成并发展的"问题",因此教师在课堂教学中必须抓住促使概念与原理产生的真问题。课堂教学也应该是一个发现问题、分析问题、解决问题的过程,这个过程具有 3 大教育功能:(1)引导学生学会发现问题、分析问题,培养数学直觉与思辨能力;(2)问题的分析与解决过程常常闪现着思想的光芒,通过这个过程让学生品味数学思想;(3)解决问题的过程也是概念与原理建立与检验的过程,它可以帮助学生学会通过对问题的分析辨别发现一般规律,从而提炼出数学概念、发现数学原理并培养逻辑演绎与计算能力,同时,这也是如何在解决实际问题的过程中建立数学理论与方法的典型示范。这些教育功能是将数学教育当成数学知识传授的传统课堂所无法实现的。由此可见,课堂教学中"有没有抓住促使概念或原理产生的问题"应该是评价数学课堂教学的核心要素之一。

评价数学课堂教学的第二个核心要素是情境的创设。情境也有真情境与伪情境之分,弗赖登塔尔认为:"数学教学应该结合学生的生活体验与数学现实"[8]。这就是说,教师需要根据学生的生活体验与数学现实创设适当的情境,这种情境不仅应该是真实的,更应该是有价值的,也就是所谓的真情境。什么样的情境是真情境?它应该满足 3 个条件之一:(1)具有重要的生活意义;(2)具有重要的科学价值;(3)具有重要的数学价值。不具备这三个条件之一的情境就是所谓的伪情境。例如,人教版教材高中必修 2-2[3]在引入变化率时创设了一个"气球情境",向气球中吹气时气球会膨胀,当气球的半径增加若干时,球的体积增加了多少。我们认为这不是此处所指的真情境,因为生活中没有人会真正关心作为玩具或装饰的气球体积发生什么变化,而且实际上人们常见的气球并非标准的球,其体积计算本身就是个很复杂的问题。

如何创设一个真实的问题情境并非一件简单的事情,它不仅需要教师熟悉生活、熟悉相关学科(如物理)的一些常识,更需要教师善于观察,具有敏锐的洞察力,能透过现象看本质,通过合情推理还原数学概念的建立过程与数学定理的发现过程。可见"有没有创设真实的问题情境"是评价课堂教学的第二个核心要素。

2. 问题分析

挖掘问题、创设情境是发现问题的过程,分析问题的过程则是思辨过程,也是大胆猜测的过程,其中闪现着思想的光芒,从某种意义上说,它比最终的解决问题更重要,创新能力往往来源于此。很难想象,教师的课堂教学没有对问题的思考辨析,其教学过程能迸发出思想的火花,学生能学会思考问题。

一个比较严峻的现实是,很多一线教师不是忽略了这个过程就是缺少把握问题的能力,概念直接给出,一带而过,数学定理直接从已知到结论,然后给出证明,这是典型的照本宣科。

过去很多人认为只要例题或定理的证明不是书本上的就不是照本宣科,这是对照本宣科的误会。是否照本宣科并不体现在是否照着教材上的内容讲授,而在于对教材内容有没有自己的见解,有没有挖掘出隐藏在概念、定理背后的深刻思想内涵。概念、定理正是在对问题的思辨过程中建立与发现的。通过对问题的思辨,从中发现有规律性的东西进而大胆做出猜测,得出初步结论。所以评价数学课堂教学的第三个核心要素应该是"有没有对问题的思考辨析"?

3. 问题解决

问题解决是一个小心求证的过程,其求证的过程常常需要逻辑演绎与算法。创设问题情境与问题分析环节是思辨的过程,有时候这个过程可能需要占据课堂的大部分时间,而问题解决过程是在对问题做出深入分析之后的"梳理"过程,因为在分析问题的过程中实际上已经对问题的解决有了比较清晰的思路,不仅对结论有了比较清楚的认识,对其证明也有了明确的路线,问题解决环节是验证前两个环节中建立的概念是否科学合理,发现的结论是否正确可靠,但是这个验证的路线在思辨环节差不多已经找到了。所以,有些时候问题解决的环节未必需要占用课堂太多的时间。

传统的数学课堂过分注重了教学的第三个环节即问题解决,草率或随意创设问题情境,淡化问题分析,忽略思辨过程,数学课变成了技能培训课,学生学了一大堆知识,掌握了一整套技巧,却不知所学何用。

在问题解决环节教师的重点应该是帮助学生从分析问题的过程中梳

理出解决问题的思路来。很多时候,分析问题的过程与解决问题的过程是反过来的,也就是说,我们通常从问题出发,为了解决这个问题,需要具备什么样的条件,层层递进,最终找到与给定条件即"已知"的逻辑关系。在问题解决环节,教师需要帮助学生将逻辑关系理顺,这个过程是逻辑演绎能力与计算能力的培养过程,它同样是重要的,所以在这个教学环节的一个核心要素是"逻辑是否严密,计算是否准确"。

4. 固化与运用

所谓固化是指对概念与原理的巩固与强化过程,运用则是运用概念或原理解决问题,对概念与原理的掌握需要一个固化过程,通常是通过对概念或原理内涵与外延的分析帮助学生巩固与强化,有时候也通过一些简单的例子来辅助这个固化过程,但辅助固化的例子应尽可能简单,复杂的例子会掩盖概念与原理的本质,不利于强化对概念与原理的理解。固化环节与前几个环节通常在同一节课堂中完成。

运用是为了加深对概念与原理的理解,同时也是检验学生对概念与原理的掌握程度,它涵盖两个子环节:(1)教师引导学生运用并做示范;(2)学生独立运用。正如哈尔莫斯所说:"学习数学的最好方法是做数学",适度的练习是必要的,既可以加深对概念与原理的理解,又可以帮助学生学会运用概念与原理解决数学或实际问题。这个环节有时候可能与前几个环节不在同一节课内完成,需要专门的时间,这就是所谓的解题课。从问题驱动的课堂教学视角看,解题课是概念课与原理课的延伸与辅助。

作为课堂教学必不可少的环节之一,固化与运用的核心要素是学生"对概念与原理的理解与熟练运用程度"。

虽然现行的评价体系中有诸如创新能力、素养等方面的指标,但比较空洞,缺少实际的可操作性。实际上评价者很多时候并没有就能力、素养等方面做出客观的评价,因此这些指标并不能真正起到导向作用。此处谈及的几个核心要素不仅体现了数学教育的本质,也具有可操作性,评价者易于把握。

需要指出的是,不同学科具有不同的特点,所以应该根据不同学科寻找相应的核心要素,制定相应的核心指标,而不是"一刀切"。

1.4.3 导数概念课案例与评析

本节介绍本书第一作者主讲的一节导数课。讲授者按如下方式引入。

1. 引入变化率

首先与学生讨论了什么叫变化率,借此复习了函数概念以及匀速运动物体路程与速度之间的关系。从学生现实生活考虑,抛出了第一个看似简单而内涵丰富,具有一定思辨的问题(见问题1)。

问题 1 如果大米与水的价格均上涨或下降了,大米与水的需求量将发生什么样的变化?你能粗略模拟出大米和水的需求量与价格的关系曲线吗?它们揭示了什么道理?

问题 2 人没有了水能不能活?人没有了大米能不能活?

◎ **评析**:这是根据学生的生活体验创设的两个问题情境,在以上问题的讨论中,教师引导学生分析大米的需求量与水的需求量相对于价格的变化有什么不同的变化?并由学生根据分析,在黑板上画出大米及水的需求量与价格的关系曲线。通过对图像的分析揭示出经济学上的一个重要概念,即"敏感度"问题,它也正是需求量关于价格的变化率问题。通过对两个问题的探讨,学生不仅了解了变化率与生活密切相关,而且明白了一些经济学常识:水是一种不可替代的生活必需品,它对于价格是不敏感的,所以不可以市场化,只能由政府调控。而大米则是具有替代品的物资,故敏感度比较高。

问题 3 在这个寒冷的早晨,你爸爸开车送你上学,由于交通拥堵,路况复杂等原因,一路走走停停,好不容易将你按时送到学校。为了报答你爸爸送你上学时的辛苦,请你用数学方法描述一下你爸爸送你上学时的状况。

◎ **评析**：这是学生生活中可能遇到的另一个问题情境,它涉及汽车行驶与哪些因素相关,汽车速度的变化等问题,它来自于生活,又蕴含深刻的数学思想。教师根据学生已有的物理知识,从三个主要方面层层揭开数学建模问题。首先,引导学生探讨如何运用数学方法研究实际问题;其次,如何从实际问题涉及的诸多因素中,寻找主要因素建立模型;再次,数学模型是否精确描述了实际问题。这三个递进式的启发和探索,是一个逻辑结构严谨的,符合学生认知场的问题链。学生通过教师的引导,不仅学习了数学知识,更重要的是体会到数学的科学价值,以及数学模型与实际问题的关系。

2. 引出瞬时速度

教师:假设爸爸的车在时刻 t 走过了路程 s,t 时刻的速度是 v。

(1) 能不能用牛顿定律描述路程、速度与时间的关系? 为什么?

(2) 汽车在任意时刻的速度有没有发生变化? 假如时间间隔很短,速度的变化会不会很大? 如何描述在某个很短的时间间隔内汽车的平均速度?

(3) 如何描述汽车在任意时刻的速度?

◎ **评析**：由于学生没有学过连续函数的概念,教师只能通过第二个问题引发学生做直观的思考。教师还建议学生课外撰写一篇具有数学味道的散文,将问题中涉及的路程、平均速度、瞬时速度等概念融入文章中。这样的作业可能是中学老师意想不到的,令学生"大开眼界"。汽车的实际行驶状况是很难用一般的数学模型来描述的,取决于具体的运行状况,于是教师又抛出了下面的问题。

教师:牛顿当年在干什么? 众所周知,牛顿发明了三大定律,你是否知道牛顿处理的并非匀速运动? 苹果砸在牛顿的头上让牛顿领悟到了什么? 他得到了什么重要公式?

◎ **评析**：学生不难回答牛顿发现了万有引力。牛顿怎么领悟到万有引力的? 是因为苹果从树上自由落下了,于是教师问学生:如果落到牛顿头上的不是苹果,而是伽利略(Galileo)用于实验的铁球,结果将如何?学生欢笑之余答道:"会被砸死。"教师又问:"为什么会被砸死?"学生答:"因为铁球太重。"教师说:"铁球虽然比苹果重,但也不会重太多,何至于砸死牛顿?"有学生说道:"因为铁球可能从更高的地方落下。"这下回到了问题的本质:铁球如果掉到牛顿头上,牛顿除了要承受铁球自身的质量,还要承受物体运动产生的动量或冲量。动量公式还记得吗?学生毫不犹豫说出来了:$p=mv$。也就是说,动量与速度有关,而铁球落下遵循自由落体公式。教师又抛出了一个思考题。

问题 4 假设伽利略的铁球从 50m 高的天台上落下,请问在铁球落下一秒时距离地面还有多高?这个时刻的速度是多少?落下两秒时情况如何?这时的速度会发生变化吗?

◎ **评析**:由于有了前面的问题做铺垫,学生对这个问题的理解就不会有多大困难了。关键在于怎么计算在一秒与两秒时的瞬时速度,教师通过直观的方法问学生:在很短的时间间隔内速度差别大不大?这个时间段内的平均速度与瞬时速度差别大不大?如何通过平均速度求瞬时速度?教师由自由落体公式引导学生分别计算了一秒与两秒时刻的瞬时速度,在此基础上又计算了任意时刻 t_0 处的瞬时速度。教师特别强调,时间越来越接近,但两者并不相等,所以在求极限之前,可以对分式进行约分从而使分式得到简化,这是恒等变形的过程,简化之后再求极限。学生发现,物体速度将随着时间不断增加,时间越长,速度越快,所以当物体从很高的位置落下时,即使质量较小,也可能把人砸伤甚至砸死。学生对瞬时速度有了直观而清晰的认识,是可以触摸的抽象概念。

3. 抽象概念

问题 5 如果已知运动物体的路程与时间的关系,则:

(1)如何求物体在某个时间段内的平均速度?

(2)如何求物体在任意时刻的速度?

◎ **评析**:为了抽象出导数概念,教师将问题一般化,即提出了问题 5。

此时,学生已经不费吹灰之力就可以回答这些问题了。教师又进行第二次抽象,回到数学的一般函数概念,给出了一般函数导数的定义。

定义　假设函数 $y=f(x)$ 定义在区间 $[a,b]$ 上, x_0 是区间内一点, $y=f(x)$ 在 x_0 点的瞬时变化率定义为: $\lim\limits_{x \to x_0} \dfrac{f(x)-f(x_0)}{x-x_0}$。

记 $\Delta x = x - x_0$, $\Delta y = f(x) - f(x_0)$,则有 $\lim\limits_{\Delta x \to 0} \dfrac{\Delta y}{\Delta x} = \lim\limits_{x \to x_0} \dfrac{f(x)-f(x_0)}{x-x_0}$。

也称此极限为 $y=f(x)$ 在 x_0 处的导数,记为 $f'(x) = \lim\limits_{x \to x_0} \dfrac{f(x)-f(x_0)}{x-x_0}$。

◎ 评析:抽象的导数概念在教师设计的一系列问题上"自然流出",学生在这些熟知的常识中对导数概念的认识也就"理所当然"了。最后,教师布置了一道课外思考题:你能不能通过函数的图像分析一下,函数在一点附近的变化率是什么? 瞬时变化率或导数又是什么? 这部分内容按照标准学时需要用两课时完成,有了这一节课的充分准备,第二节课关于导数几何意义的阐述就比较容易了。

4. 反思

教材只是半成品,教师在教学过程中不能机械、被动地使用教材,尊重教材的同时也要有批判的眼光[16]。例如教材在处理导数概念时,强调数学与生活、自然科学的关系是正确的,但是这种关系应该是真实、有意义、有价值的。教材中的"跳水运动"和"吹气球"在真实性和科学价值上值得商榷,而且用大量篇幅对一系列特殊值的检验引出"变化率"问题,也显得"生硬"了一些。如果不使用 $\delta\text{-}\epsilon$ 语言,学生对直观的极限概念并不难理解,例如 $1/n$ 趋于 0 并不是一件难以解释的事情。既然不需要学生掌握严格的极限语言,又何必花大量时间做数值检验呢? 实验科学的诞生是一件好事,但是不恰当的"实验"或过分强调了实证,就会忽视了概念产生过程蕴含的数学思想、数学方法和数学思维策略,就会丧失培养学生数学思维能力的机会。教师能不能以批判的眼光分析教材依赖于对数学以及数学教育的理解和认识的深度。所以,中学数学教师应该花一些时间继续学习,补充能量,才能胜任肩负的重任。

此外高中导数教学不能停留在学生会用导数的低层面。微积分作为数学史上最伟大的发明创造,闪现着人类智慧的光芒,它不仅是对传统形式逻辑的颠覆,更是处理自然科学、社会科学的普适工具。因为自然界万物皆变,变是绝对的,不变是相对的,如果学生不能领会微积分的精髓,掌握微积分中蕴藏的深刻思想,那么作为数学史上最伟大发明创造的微积分沦为考试的工具就成为必然了。导数概念的教学,不能匆忙一笔带过,直奔求导公式。这节课需要搞清楚 3 个问题:

(1) 什么是变化率? 它的意义何在?

(2) 什么是平均变化率?

(3) 什么是瞬时变化率(即导数)?

难点在于如何由平均变化率过渡到瞬时变化率。教师通过选择学生生活中可触及的例子深入剖析,要重视诠释什么叫变化率、什么叫平均变化率以及变化率的重要科学价值。以自由落体公式为例,从两个特殊时刻的瞬时速度计算到任意时刻的瞬时速度计算,说明了平均速度与瞬时速度的辩证关系。所提出的思考题环环相扣,逐步深入,充分展示从量变到质变的辩证思想。将数学模型、人文因素、物理学等融入课堂教学中,充分展示数学与生活、社会科学及自然科学的内在关系。教师的课堂设计不仅蕴含着思辨因素,也营造了一种鲜活生动的课堂氛围。最后的思考题是希望学生独立思考,寻找变化率与瞬时变化率的几何解释,为下节研究曲线的切线及光学问题埋下了伏笔。教师的课例说明,抽象的概念教学也可以更接近学生,只要我们善于学习数学史和挖掘概念背后的数学思想,就能够很好地引导学生接受和理解概念。

抽象的数学概念并非无源之水、无本之木,要使学生体会到这个"源"和"本",就要弄清楚概念与定理的来龙去脉,设计合适的问题情境。让问题成为课堂的核心[17~19],对问题的深入剖析过程是展现数学思想的过程。问题必须是真实的,而不是虚构的,通过这些问题能揭示概念的本质及深刻的思想内涵。所以,有效问题对于驱动课堂教学具有举足轻重的意义。

　　数学既是培养学生科学思维能力的媒介,也是培养学生解决问题能力的摇篮。如何通过教师的"教"提高学生数学素养,是每一位老师不断学习和思考的课题。从数学课堂教学的各个环节中提炼出核心的要素作为评价指标无论对于教师的教学还是评课者的评价都具有重要意义。

第 2 章　知识、文化、素养、能力与数学素养

2.1　知识、素养及能力

素养,尤其是核心素养是最近国内外教育界关注的热点问题,什么叫素养? 核心素养包含哪些方面? 非核心素养又有哪些? 素养与知识、能力之间是什么关系? 具体到数学教育,数学的核心素养是什么? 除了核心素养,数学还有什么非核心素养? 数学素养与数学知识及数学能力之间是什么关系? 如何在课堂教学中具体体现核心素养的培养? 这些都是困扰教育研究工作者与教育工作者的问题,如果不搞清楚这些问题,所谓核心素养也只能是纸上谈兵。

何谓知识? 迄今并没有一个统一且清晰的界定,柏拉图(Plato)认为: "一个陈述能称得上是知识必须是被验证过的,正确的,而且是被人们相信的,这也是科学与非科学的区分标准。"

知识与文化之间是什么关系? 要解释清楚这个关系,需要先弄清楚什么叫文化,什么叫思想。文化(culture)是一个非常广泛且具人文意味的概念,人们也很难给文化下一个准确的定义。辞书与百科全书中有一个较为共同的解释:"文化是人类所创造的物质财富与精神财富的总和。"这个解释显得太泛,按照这个解释,人类创造的一切都是文化,知识、思想都属于文化范畴。如果这种观点是正确的,如何理解"有知识没文化"这句话? 如何理解过去我们强调的文化素质课以及今天流行的核心素养? 因为文化是个"大箩筐",一切皆文化!

关于思想的解释相对比较明确,所谓思想,指的是客观存在反映在人

的意识中经过思维活动而产生的结果,是人类一切行为的基础。一般也称为"观念",其活动的结果就是认识。

有人认为:"知识是一种文化,文化是感性与知识的升华。"我们不这么认为,严格意义上讲,知识是文化与思想的载体,知识是躯体,文化与思想是灵魂,知识的背后蕴藏着文化与思想,这才是知识与文化及思想的关系,换句话说,知识是死的,文化与思想是活的,面对同样的知识,不同的人看到的是不同的文化与思想,也可以说,不同的人对知识的理解与领悟程度是不同的。

素养是指一个人的修养,与素质意思相近,包括道德品质、外表形象、知识水平、文化素养、业务素养、身心素养与能力等各个方面。《辞海》是这样定义素养的:第一,修习涵养。第二,平素所供养,所以素养也叫修养。

素养与素质又有差别,素质在心理学上指人的某些先天的特点,是事物本来的性质,素养则是由训练和实践而获得的技巧或能力。

既然素养是一种技巧或能力,那么什么叫技巧与能力? 能力是决定人的活动效率,使某种任务得以顺利完成的个性心理特征,是生命物体对自然探索、认知、改造水平的度量。它通常分一般能力与特殊能力,包括模仿能力、创造能力、认知能力、操作能力与社交能力等。任何单一的能力都不足以使某种活动顺利地进行,通常需要多种能力的有机结合。例如教师的观察力、判断力、想象力、组织能力以及对专业知识的领悟力等是顺利地从事教育活动必备的能力。

技巧是基本方法的灵巧运用,它属于"方法"范畴,主要指对一种生活或工作方法的熟练和灵活运用。技巧也称为技能,它是通过练习获得的能够完成一定任务的动作系统,根据其熟练程度可分为水平较低的初级技能和水平较高的高级技能。

搞清楚了知识、文化、素养及能力的基本内涵,其基本关系也就清楚了。知识是文化与思想的载体,素养是一种技巧与能力,人们可以通过知识的学习与领悟从而掌握蕴藏在知识背后的文化与思想,通过对这种文化与思想的领悟与融会贯通获得素养或能力。这几个要素之间的关系对于实际的教学具有重要的指导意义。

2.2 数学知识、数学素养及数学能力

2.2.1 数学知识、数学素养与数学能力之间的关系

弄清楚什么叫知识,什么叫素养,什么叫能力,自然不难理解什么叫数学知识,什么叫数学素养,什么叫数学能力。

张奠宙先生认为:"数学核心素养包括真善美三个维度",具体地说,所谓"真"即理解数学文明的文化价值,体会数学真理的严谨性、精确性;所谓"善"指的是用数学的思想方法分析和解决实际问题的基本能力;所谓"美"则是说能够欣赏数学智慧之美,喜欢数学,热爱数学[26]。张先生是从哲学层面上看核心素养的,他的观点也许受到了柏拉图的影响,不过柏拉图关于数学与善的关系是含混不清的,怀特海(Whitehead)在"数学与善"一文中对数学与善的关系做了比较详细的阐述[11],怀特海认为,任何命题都是在特定的空间中才有意义,否则全是错误的,例如,一幅图画可能是好的,但色彩用错了,于是善与恶的问题就产生了。张先生对于数学"善"的理解与怀特海的理解似乎有所差异。不过"真善美"属于哲学范畴,有着太强的普适性,可以适用于任何学科。王尚志先生的文章认为:"数学的核心素养包含六个方面,即数学抽象、逻辑推理、数学建模、数学运算、直观想象、数据分析"[3],这一观点被贯彻在高中新课程标准的修订中。

数学素养是一个整体概念,它是一种综合性思维形式,具有概念化、抽象化、模式化的认识特征。简而言之,所谓数学素养就是用数学思维分析问题与解决问题以及进行数学鉴赏的能力!

我们不妨来看一个体现数学素养的著名例子:18 世纪初的普鲁士哥尼斯堡有一条河从堡里穿过,河上有两个小岛,有七座桥把两个岛与河岸联系起来,有人提出一个问题:一个步行者怎样才能不重复又不遗漏地一

次走完七座桥,最后回到出发点(如图 2.1 所示)。

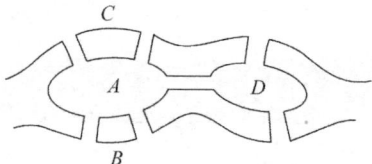

图 2.1

很多人尝试着解决这个问题,但都以失败而告终。欧拉(Euler)猜想这个问题可能无解(数学直觉)。他把这个问题转换成了几何上的"一笔画"问题(数学思辨),即能否从一个点出发不离开纸面地画出所有的连线,使笔迹仍回到原来出发的地方,这一问题开创了数学的一个崭新领域——图论(如图 2.2 所示)。

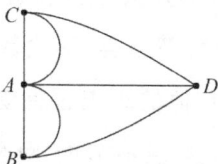

图 2.2

欧拉是这样分析的(数学演绎),一笔画的要求使得图形有这样的特征:除起点与终点外,一笔画问题中线路的交叉点处,有一条线进就一定有一条线出,故在交叉点处汇合的曲线必为偶数条。七桥问题中,有四个交叉点处都交汇了奇数条曲线,故此问题不可解。欧拉还进一步证明:一个连通的无向图,具有通过这个图中的每一条边一次且仅一次的路,当且仅当它的奇数次顶点的个数为 0 或 2。这是图论的奠基性工作,称之为欧拉定理。

通过欧拉对七桥问题的分析可以看出欧拉是数学素养登峰造极的典范,这种素养是从直觉到思辨再到演绎的一个整体。直觉、思辨、演绎是分析问题与解决问题的三个基本要素,但在不同问题中又表现出不同的特点,有些问题偏重于算法演绎,有些问题偏重于逻辑演绎,有些问题则需要几个方面兼而有之。是否可以把这些素养割裂开来看是一个值得斟酌的问题。正如我们说一个人的修养好实际上包含了他的言谈举止、为人处世、生活习惯、工作作风等诸多方面,把这些要素割裂开来谈只能说某个人某些方面修养好,某些方面修养不好,而不能笼统地说这个人的修养好不好。作为基础教育重要组成部分的数学教育,我们的培养目标是学生的综合数学素养,综合数学素养包含了直觉感知、思考辨析、演绎推理几个基本方面,缺少了哪一个方面,所谓的数学素养都无从谈起。这种素养是在课堂教学中通过学生对知识的透彻理解以及对蕴藏在知识内部深刻思想的领会中潜移默化逐步熏陶出来的,这是一个相对漫长的过程。很难通过一节课去谈数学素养的培养,那种通过一节课去问教师培养了学生的什么核心素养是个近乎荒唐的问题。判断学生是否具备一定数学修养的基本手段是考查学生运用数学思维与方法解决问题的能力。

综上所述,数学素养需要通过数学知识的学习与积累逐步形成,数学能力则是数学素养的具体体现,它是综合运用数学直觉、数学思辨与数学演绎创造性地解决问题的一种能力。

2.2.2 数学直觉与直观

只要在电脑里输入"几何直观"一词将会发现这个词早已充斥于各种文献中,这与若干年前有人声称"数学不是自然科学"是他首先发现的一样让人觉得诧异,因为恩格斯早在《反杜林论》中就表达了这种观点,怎么忽然成了别人的发明创造? 20世纪初最伟大的数学大师希尔伯特写过一本著名的《直观几何》,虽然直观几何与几何直观有所不同,前者从字面上解释是以直观的方式呈现几何,后者则是如何直观地理解几何,但毫无疑问的是人们对几何直观的认识早就不是什么新鲜事。不过这里不想纠缠于"几何直观"的归属权问题,而是谈谈数学的"直观"与"直觉"之间的异同以及在数学教育中的作用。

在英文中,直观与直觉是同一个单词:"instinct",但"instinct"更多地是指本能,也许用"intuition"表示直觉更准确,庞加莱有一句名言:"It is by logic that we prove,but by intuition that we discover",这里的"intuition"应该指的是直觉。在语义上直觉与直观有着明显的差异,所谓"直观"是通过对客观事物的直接接触而获得的感性认识。在辩证唯物主义著作中,"直观"通常与感性认识是一个意思,即指人们在实践中对客观事物的直接反映。"直觉"即直观感觉,它是指没有经过分析推理的观点,是指不以人类意志控制的特殊思维方式,它是基于人类的职业、阅历、知识和本能存在的一种思维形式。直觉具有迅捷性、直接性、本能意识等特征。

在数学活动中,是直观重要还是直觉重要?两者是什么关系?我们在数学教育过程中需要强调什么?数学教育的目标又是什么?这些问题应该搞清楚,否则我们的数学教育方向就会发生偏差。有些人认为我们的数学教育过分强调了逻辑演绎能力的培养,忽视了分析、归纳、猜想能力的培养,这个观点肯定没错,但我们是否搞清楚了数学上的"直观"与"直觉"之间的关系以及过程与目标的关系?对某种现象做分析归纳,最终做出猜想属于"直观"还是"直觉"?数学教学中应该注重"直观"还是"直觉"?在我们看来这本应该是个显而易见的问题,但不知为什么连有些专家对此都含混不清。

教材受其形式的局限,不可能以一种很直观的方式呈现,但直观对于理解数学概念的本质至关重要,所以,教师在课堂教学中应该强调直观而不是让学生迷失在抽象的概念之中,但直观只是过程,而非目标,是为了帮助学生更深刻地理解数学概念与理论。直观教学的目的在于培养学生的数学直觉。也就是说,教学生学会从个别现象中发现一般规律,从而大胆做出猜想,猜想正是直觉的最直接的体现。

人们常常混淆了生活中的直觉与数学上的直觉之间的差别,我们通过与一个人的交谈,内心会对这个人产生一种观感,直观上感觉这个人是个什么样的人,这就是生活中的直觉,至于这种直觉准确与否则取决于你的生活阅历与经验以及判断能力。数学上的直觉有所不同,数学直觉与你的天赋、知识积累、研究经历、分析推理能力等都有密切关系,虽然数学直觉与逻辑演绎是两个完全不同的概念,但数学直觉不可能完全脱离逻辑演绎。事实上,任何重要的数学猜想都不是某个数学家一时心血来潮的主观臆断,而是基于他对某个理论透彻的了解、细微的观察以及一定的逻辑演绎得出的,在他提出某个猜想前,这个问题可能已经在他的大脑中经过了若干次的检验与逻辑推导,完全摆脱逻辑演绎的数学猜想也许是不存在的。从这个意义上说,数学知识的积累以及逻辑演绎能力的培养对于培养学生的分析、归纳能力是必不可少的。因此,传统的数学教育并非一无是处,否则也不会有很多国家愿意学习中国的基础教育,更愿意招收中国的学生,从全世界顶级的大学愿意招收中国奥林匹克金牌得主就可以看到中国数学教育有它成功的一面。

但问题也是客观存在的,我们首先应该清楚,数学不仅仅是一种知识与工具,它更是一种思维方式,是培养学生如何科学、严谨地思考问题的一种载体。数学教育中存在的一个较为严重的问题是演绎能力培养有余,直觉素养培养不足,而直觉正是发现与创造的原动力。指望在短时期内有所改观基本上不可能,应试教育体制一日不改,我们的基础教育就难有根本改观。

2.2.3 再论数学素养

要搞清楚什么是数学核心素养,首先需要弄清楚数学知识是怎么形成的,数学教育的本质是什么。我们非常认同希尔伯特对科学的评论:"一门学科,如果能不断的提出问题,那它就充满活力"。纵观自然科学、社会科学及数学的发展史,我们将会发现,任何学科都是在不断地发现与解决问题的过程中逐步形成的。可以说,问题是一切科学的灵魂,也是数学的灵魂,能不能从貌似与数学无关的某些现象中发现有规律性的东西从而建立新的数学概念,发现新的数学原理,这是判断一个人是否具有数学直觉的重要依据,这种直觉既缘于天分,也取决于后天的教育。显而易见,一个人能不能发现有价值的数学问题的关键在于他是否具备数学直觉。能不能最终解决问题与两个因素有关,一是对问题的分析判断能力,二是逻辑演绎与计算能力。这两者有着密不可分的关系,对问题的分析判断往往依赖于逻辑演绎与计算。从现实中发现数学问题的例子不胜枚举,华罗庚先生的优选法便是来自于生产实践的典型例子。

历史上有一个诺贝尔化学奖获得者成功应用数学解决化学问题的例子。1985 年的诺贝尔化学奖获得者郝普特曼(Hauptman)其实不是个化学家,早在 20 世纪初,化学家们就知道,当 X 射线穿过晶体时,光线碰到晶体中的原子会发生散射或衍射。当他们把胶卷置于晶体的后面,X 射线会使随原子位置而变动的衍射图案处的胶卷变黑。化学家们为难的是,他们无法准确地确定晶体中原子的位置。原因在于 X 射线也是波,它们有振幅和相位。这个衍射图只能探测 X 射线的振幅,却不能探测相位。40 多年后的 1950 年前后,郝普特曼意识到,这件事可以转换为一个纯粹的数学问题。果然,他借助 100 多年前的傅里叶分析,找出了决定相位的方法,并进一步确定了晶体的几何结构。结晶学家只见过物理现象的影子,郝普特曼却利用古典数学从影子来再现实际的现象。也许有些人不知道,郝普特曼一生只上过一门化学课,即大学一年级的化学,可他却因此项工作获得了诺贝尔化学奖。

郝普特曼之所以能解决困扰化学家多年的问题,就在于他有着敏锐的数学直觉,能从貌似与数学无关的问题中看到别人看不到的数学。当然,如果郝普特曼仅仅看到了化学问题中蕴含的数学,而缺少对问题的分析判断能力和逻辑演绎与计算能力,他同样解决不了问题。因此数学知识的产生与发展,离不开这样几个基本要素:(1)数学直觉。这种直觉体现在两个方面:①能从现实世界或自然科学中出现的问题中嗅到数学的"味道",从而建立两者之间的内在关系;②具有对数学问题的直觉判断。面对一个悬而未决的数学问题,根据经验或初步的逻辑演绎与计算,能对问题有一个初步的直觉判断,例如庞加莱猜想最终之所以被人们证明是正确的,正是基于庞加莱准确的直觉判断。(2)数学思辨。数学思辨包括几个方面的思考辨析:①模式辨析,解题者需要弄清楚这是什么类型的问题。清楚了问题的模式,也就清楚了它属于什么范畴的问题。②方法辨析,根据问题的模式,初步判定需要采取什么方案可能解决。在一个学科高度交叉融合的时代,这个问题显得尤其重要,几何问题代数化,代数问题几何化是司空见惯的事情,有些问题通过几何化可以帮助我们看清问题的本质,有些问题代数化可以帮助我们借助代数运算更简便地解决,很多重要的数学问题都是通过这种方式解决的。(3)数学演算。数学演算也包括两个方面:①逻辑演绎,这是解决数学问题的基本方法,无论是数学直觉与数学思辨通常都需要初步的逻辑演绎,最终解决数学问题则需要对问题深入细致的逻辑分析与推导;②代数运算,有些数学问题逻辑演绎就可以解决了,有些数学问题单纯的代数运算也可以解决,更多的数学问题则需要逻辑演绎与代数运算协同进行才能解决。

日常生活中,我们习惯于利用直觉来判断某些事情,虽然我们不能把直觉当成事实,但直觉可以帮助我们沿着正确的方向寻找真相。生活中的直觉来自本能与生活经验,一个全然没有直觉的人很难适应社会。科研工作中直觉也是十分重要的,科学研究中的直觉来自哪里?来自学生阶段的科学训练,这种训练并不仅仅体现在大学毕业论文甚至研究生完成论文的过程中,更重要的是老师通过课堂教学,帮助学生培养科学直觉,因为科学上的直觉源于科学素养与眼界,有一定的科学素养才有可能具备科学上的直觉。大学阶段的课程固然对培养学生的直觉发挥了重要作用,但科学素养的训练绝对不是从大学开始的,事实上,对于绝大多数的学科而言,研究者都是吃青春饭的,如果在中学阶段没有养成良好的思维习惯与科学素养,到了大学阶段恐怕更难补上"直觉"这一课,从这个意义上说,教师具备一定的数学眼界与素养显得十分重要。

数学直觉、数学思辨、数学演算是决定一个人能否运用数学解决问题的关键或核心。

如果我们认同弗赖登塔尔的观点:"数学教育是数学的再创造",就应该首先弄清楚什么叫再创造。按照标准的释义,"再创造是相对首次创造而言。虽然不是首创,但在没有任何帮助的情况下,依靠自己的能力,完成创造"。按照这个解释进行演绎,所谓"数学的再创造"应该是在没有任何帮助的情况下,依靠自己的能力,完成数学的创造。当然,对于学生而言,由于知识面、阅历的局限,其创造能力尚未被挖掘出来,需要在教师引导下激发其数学创造能力,从而完成数学的再创造,关于这个问题后文将进行详论。

基于数学教育是数学的再创造这一基本论点,数学的基本素养应该包括 3 个方面:(1)数学直觉,(2)数学思辨,(3)数学演算。

2.3　数学课堂如何培养与提升学生的数学素养

2.3.1　应试与素质之间的平衡

前面针对数学课堂教学提出了基于问题驱动的几个核心要素:(1)是否抓住了概念或原理之所以产生的本质问题?(2)是否创设了真实有效的问题情境?(3)有没有对问题的思考辨析?(4)逻辑是否严谨,计算是否准确?(5)学生对概念、原理的理解与熟练运用程度如何?第 4 与第 5 个要素是目前一线教师做得比较到位的,被弱化的是第 1、第 2 与第 3 个要素。而这 3 个要素恰恰是培养学生数学直觉与数学思辨的重要环节。

如前所说,应试教育固然有害,但全盘否定应试教育有失偏颇,勤学多练不全是坏事,解题能力是学生必备的重要能力,问题在于需要搞清楚数学教育的根本目的。数学教育不是培养考试机器,而是通过数学教育培养学生运用数学眼光观察问题、运用数学头脑思考问题以及运用数学方法解决问题的能力。如果把一个人比作一部机器,解题能力则如同机器的润滑油,它是顺利分析、解决问题的重要保证。否则,即使有好的想法也会举步维艰,难以完成预期的目标。从这个角度看,教育改革的任务不是否定过去,而是取其精华,去其糟粕,找到传统教育存在的根本问题,完善现有的课堂教育模式。

2.3.2 数学直觉与数学思辨

按照数学教育的三个基本素养衡量,目前的数学教育缺少了两个基本素养的培养,即数学直觉与数学思辨。

1.数学直觉如何形成?

人的直觉从何而来? 它从不断的观察与实验中慢慢积累而来,数学直觉与生活直觉有相通之处,但又有本质不同。生活直觉一般源于生活阅历,数学直觉的形成需要教师在课堂教学中围绕着促使概念与原理生成的基本问题,创设真实的问题情境,经过从具体到一般的认识过程帮助学生自主发现具有共性或规律性的东西,从而建立新的概念或发现新的原理。

很多教师试图按照这样的理念去做,然而,令人遗憾的是,一些教师常常抓不住本质的问题,或者所创设的问题情境是虚假的、无效的。例如后面将谈到的基本不等式的教学,一些教师不仅没有真正搞清楚基本不等式的科学价值,而且模仿教材创设了一个无效的问题情境。教师通过虚拟的天平物理实验得到算术平均数,再由力矩原理得到几何平均数,具体地说,将物体分别放在天平的两端测得两个数据 a 与 b,取其算术平均值 $(a+b)/2$,这个平均值可以看作该物体的近似质量,再根据力矩原理证明该物体的真实质量为几何平均值 $\sqrt{ab}$。这是个典型的无效问题,姑且不论这里所说的几何平均值是否为物体的真实质量,仅就这节课的主题而论,物理实验并不能得出两个平均值之间的大小关系。正因为这样,教师在貌似创设了一个问题情境后突然转向了基本不等式的证明,对开始的物理实验再也无暇顾及了。通过这样的问题情境如何能培养学生的数学直觉? 在"大学教师与中学教师关于'基本不等式'的'同课异构'评析"[29](详见第四章)一文中介绍了我们在这节课中如何通过现实生活与数学中常出现的最值问题创设真实的问题情境并设计了一个问题链,逐步引导学生发现基本不等式,这种环环相扣、层层递进的引导式教学正是培养学生数学直觉的过程。

数学的直觉是数学学习与研究必不可少的,如果你缺少基本的直觉,那你对什么都是懵懵懂懂,老师咋讲你咋接受,问题摆在你面前,你不知从何入手。人的思维可以分为逻辑思维和直觉思维,逻辑思维与直觉思维两者是不可分割的,直觉需要靠逻辑支撑,逻辑需要靠直觉分析。逻辑思维的特征是演绎,直觉思维的特征是分析,两者同等重要。我们在以往的教学中过分地注重了逻辑演绎,忽视了直觉分析,结果学生只知道形式化的东西,不知道数学概念与理论的深刻内涵。我们应该看到,数学直觉的培养固然离不开数学逻辑的训练,但逻辑演绎能力的培养更离不开数学直觉。这是辩证统一的关系,"逻辑"与"直觉"正是数学的"任督二脉",打通了"任督二脉",学生才会产生数学"灵气"与"悟性"。

数学直觉来自哪里?来自生活、来自对已知的领悟、来自"联想",所谓"灵气"其实也就是要让自己的思维具有"弹性",能由此及彼地类比与归纳。

2. 如何培养数学思辨能力?

思辨能力来自对问题的不断深入剖析与辨别,思考辨析的过程是个探究的过程。教师有此理念,但往往舍本逐末,或者分不清探究与验证之间的区别,将简单的验证或验算当成了科学探究。

以正弦的定义为例,教师是这样引导学生探究的:(1)一个锐角为 30°的直角三角形对边与斜边的比是多少?然后让边长发生变化,问比值有没有变化;(2)一个锐角为 45°的直角三角形对边与斜边的比是多少?再次让边长发生变化,看比值有没有变化。接着考虑一般情形。这节课要做什么?显然是要寻找三角形的边与角的关系,为什么要寻找这个关系?这个问题要解释清楚,既可以通过实际问题,也可以通过数学问题说明其重要性。其本质在于通过这种关系可以由某些边的长度求角度,或者由角度求边的长度。这节课的难点在于怎么发现直角三角形两个边的比决定了角度?或者角度决定了两个边的比?如果不是围绕着这个问题探究,那就是一种伪探究。教师给出了几个特殊的角,然后要求学生测量两个边的比是多少,为什么要求两个边的长度之比?既然已经告诉学生求两个边的长度之比,那还是探究吗?不过是简单的验证而已。重要的是怎么想到要使用两个边的长度之比?这才是真正的科学探究。

事实上,学生在此前已经学过相似三角形,都知道相似三角形的对应边成比例,这个性质有什么用?教师往往只强调了一个方面,即利用可以测量的三角形去计算另一个与之相似但不可测量的三角形,却忽略了蕴藏在相似三角形中的另一个深刻的数学思想——不变量。$\triangle ABC$ 与 $\triangle A'B'C'$ 相似意味着 $AB/A'B' = BC/B'C'$,它反映的是两个三角形对应边成比例,但如果将这个式子稍加变形,变成 $AB/BC = A'B'/B'C'$,含义就大不相同了,它反映的是 $\triangle ABC$ 的两个边长之比与 $\triangle A'B'C'$ 两个边长之比是相同的,这就是说,只要两个三角形相似,不管其边长发生什么变化,边长的比值总是不变的,换言之,三角形边长之比是相似三角形的“不变量”。从这个意义上说,教师引导学生的第一步探究应该是重温相似三角形,寻找上述规律(揭示不变量的思想但不必告诉学生这个叫不变量)。

在进行第二步探究前应该说明为什么只是针对直角三角形进行研究,因为一般的三角形也有边与角,而且后续课程中的确也涉及一般三角形角与边的关系。可以从两个方面来阐述:(1)直角三角形是最重要也是最简单的三角形,其中蕴藏着很多重要性质;(2)一般三角形可以分解成两个直角三角形,从而可以利用直角三角形来研究一般三角形。有了这个铺垫后自然就转入了直角三角形的研究。事实上,一些与一般三角形有关的后续定理(如正弦定理)正是转换成直角三角形来证明的。

在直角三角形中,边与边之间、角与角之间有着重要关系,例如三个边之间遵循勾股定理,两个锐角互余,然而边与角之间的关系尚不清楚。那么边与角之间有没有关系呢?在直角三角形中,如果一个锐角确定了,三角形的边能确定吗?显然不能,但不管边怎么变化,这些三角形全是相似的。将前面关于相似三角形的结果搬过来马上得到一个结论:直角三角形中只要一个锐角固定了,不管边的长度怎么变化,该锐角的对边与斜边之比始终是一样的。这意味着什么?边长之比是由角度来决定的。如果角度发生变化呢？此时不妨通过一些特殊角,例如 30°、45°等检验一下将会发现,角度发生变化时,边长之比是会跟着变化的。必要时还可以进一步探究:如果边长之比一定呢？角度有没有可能发生变化？通过这些探究可以发现:"角度决定了边长之比,边长之比也决定了角度。"这就是直角三角形的锐角与边长之间的内在关系,人们把这个比称为角的正弦。以上整个探究的过程实际上是个思辨的过程,这种探究式教学正是培养学生数学思辨能力的最好媒介。

正如数学演算与数学直觉、数学思辨密不可分一样,数学直觉与数学思辨也是密切相关的,有时候直觉建立在对问题的思辨基础之上,有时候思辨又依赖于直觉。例如前面提到的基本不等式教学便蕴含着对问题的思辨,正是通过对一系列问题的分析、思考才猜测到基本不等式。在正弦的定义中,如果没有相似三角形等知识的积累与直觉感知,又如何能够意识到直角三角形的边与角之间有着内在关系？由此可见,数学直觉、数学思辨与数学演算是检验是否学好数学、真正领悟数学并能熟练运用数学解决问题不可或缺的三个基本素养,缺失了任何方面都是失败的数学教育。

2.3.3　三尺讲台无穷天地

教师的基本功的确是重要的,仪表是否端庄、举止是否得体、语言是否规范、态度是否和蔼、教学内容是否烂熟于心、时间的把握是否准确、内容的组织是否恰当,等等,这些都是考量一个教师基本功的重要标准。

教学也要有感觉,无论是听课者还是讲课者,感觉很重要。有些老师往台上一站就有一种无形的"气场"罩着你,好感油然而生。这种感觉有某种先天的成分,虽不能说后天一定学不到,但至少需要一个相当长时期的培养与锻炼。语言表达则可以比较快地锻炼出来,在教学中切忌口头禅太多,口头禅往往很难自我觉察,就像小时候小朋友间说话动辄"他妈的",课堂上偶尔露一两句口头语无伤大雅,但多了就会让听者感觉不舒服,有些老师甚至开口必带某种口头禅,一节课下来数十个"那么"之类的习惯用语,他自己浑然不觉。虽然口头禅未见得是原则性的毛病,但终究是个不太好的习惯。遗憾的是,学生通常是不会给老师指出来的,所以初为老师者不妨多听听自己的讲课录音,你会从中发现讲课中语言表达方面存在的问题。第一作者过去在课堂上有一句口头禅:"这是个什么东西呢?"刚开始不觉得,后来有进修的老师指出来了才留意到,花了很长时间才纠正过来。在语言表达上,语气的抑扬顿挫很重要,如果一节课从头到尾一个腔调,好比一条直线般平平淡淡,这样的课注定会少了几分吸引力。不同段落间的自然衔接也是比较讲究技巧的一件事,数学课程在这方面得天独厚,因为数学逻辑性很强,前后内容环环相扣,不同段落间的衔接与过渡比较好处理,有些课程就不同了,例如一些技术性的课程就不太好讲。真正高水平的课是让枯燥无味的内容变得生动有趣起来,最烂的课则是把本来有趣的内容讲得了无生趣。

启发式教学是讲了多年的话题,但如何做到恐怕有待进一步探索。人们对师生之间的互动似乎也有一种误解,以为老师问了问题,学生回答了问题就是互动了,这是一种形式主义的理解。以数学课程为例,对于新的内容你问得太肤浅了没有任何意义,你问得稍微深了,一问三不知。师生之间的互动并不仅仅表现在你提出问题由学生来回答。课堂上的问题也可以是多种形式的,可以有学生回答的问题,也可以有自问自答的问题,这些问题是在讲课过程中自然而然出现的。有时候有一种怪怪的感觉,老师似乎在为了提问而提问,若不提问表明缺少了师生互动,因而提问显得很不自然,而且有些问题似乎并不那么必需。

有一次一位已经成了中学教师的毕业生给第一作者发来一封邮件谈到教学问题,他很是为现在的教学方法困惑,想向作者问策。学生在邮件中写道:

　　尊敬的曹老师,您好,我是××届数学师范×班的×××,虽然已经毕业差不多×年了,很少见到曹老师,但是我还是经常关注曹老师的博客,是您的忠实"粉丝"啊,从您的文章里学到了许多东西。

今天特意写邮件发给您,是因为我有个关于课堂教学的方法想请教您。我现在是在×中学工作,教的是初一年级的数学,……前一阶段的期中考试,我所教的一个普通班超过X个重点班中的X-1个,所以我觉得本批学生并不普通,如果我能够正确地引导,教学方法对头,那假以时日,他们肯定能在中考中考出好的成绩。但想得容易,要做起来就困难了,作为新教师的我,一点经验都没有,又没有人教我怎么做,靠自己慢慢摸索真的是非常难。

在我身边的其他老师,讲授新课都是直接进入主题,很少有引入,基本都是十来分钟就结束新课的讲授,剩余的时间就是练习与评讲,而反观我自己,我觉得我讲的有时候确实有点多,但是不讲的话学生又会这里错那里错,所以我现在很矛盾,究竟应不应该详细地讲。请曹老师给指点迷津,给我些建议,非常感谢!

作者答复道:

谢谢你发来邮件,知道你教学有了成绩,由衷地为你高兴!

你说的教学问题是中国中学教育中普遍存在的问题,都是升学率惹的祸,大多数的中学教师目标都盯在如何提高学生的考试分数,而不是如何让学生真正学到东西。在这种情况下你特立独行肯定是不行的,只能在应试教育与真正的数学教育之间寻找一种平衡,既让学生真正理解数学,又能应付考试。

其实从根本上讲,如果学生能真正理解你讲的东西并发生兴趣,也是能考好的,但这需要一个探索的过程,有一定的风险。此外,多做题历来被认为是学好数学的重要方法之一,讲只能让学生理解,做才能让学生真正学会运用。哈尔莫斯讲过:"学习数学的最好方法是做数学",这句话没有错,只不过国人将这句话异化了。

个人觉得,你在"随大溜"增强学生应试能力的同时,也应该努力摸索如何真正上好数学课,你的表达能力没有问题,有时间的情况下不妨读一点数学史,了解一点数学思想,对自己是个提高,对教学也一定会有帮助,因为你只有知道了一件事情的来龙去脉后才能真正理解它们,等到你了解了很多事情的来龙去脉后自然就知道该怎么讲了。数学教育过程是个传授思想的过程,解题过程是学会运用数学思想与方法解决问题的模拟实践过程。遗憾的是,我们的数学教学不是模拟,而是临摹,老师先讲几道例题,然后学生依样画葫芦。如果老师经验丰富,押题押得准,学生就能得高分。掌握解题技巧的根本不是模仿,而是要掌握数学所特有的思考方法。作为一个年轻教师,既要应付学生的考试,又要探索教育方法,的确是一个艰难的过程,但只要做个有心人,就能成功。

说到该不该详细讲解,答案是显而易见的,学生不理解你讲的东西还如何做题? 只能跟着老师模仿,当然,也有可能在不断地模仿中逐步理解老师讲的东西,但这样就会让学生丧失对数学的兴趣,会理所当然地觉得学数学就是为了解题。目前中国的中小学数学教育是个畸形怪胎,一方面让一个又一个的学生考了高分,上了重点学校,另一方面让学生对数学彻底失去了兴趣甚至厌恶数学。问问那些国际、全国奥林匹克数学金牌得主们,他们喜欢数学吗? 估计答案是惊人的,如果你再问问他们大学选择了什么专业,恐怕多半与数学专业无缘。这意味着什么? 当然学好数学未必一定要以数学为终身职业,但如果几乎所有的数学尖子都对数学失去了兴趣,只是把数学当成了敲门砖,这本身就意味着数学教育的失败,它坑害了一代又一代的学生。

说到你提的问题,个人拙见,至少应该在绝大多数的学生都理解了你讲的东西之后再进入练习环节,至于一节课几个基本环节的时间如何分配则需要根据学生的程度而定,没有一定之规。

你能开始思考数学教育问题,我真的很高兴,在目前这种一切以分数说话、一切以经济利益为目标的时代,你能反思自己的教学实属难得,相信你定能有所成就!

教学需要悟性,学习也需要"悟性",在某个方面的"悟性"既可以培养,也可以扼杀。记得二十多年前从报刊中看到过一篇文章,文章介绍了记者的一个测试,记者用粉笔在黑板上画了个圆圈,分别问大、中、小学生:"这是什么?"小学生的回答很丰富,有说像太阳的,也有说像月亮的,还有说像烧饼的,大学生的回答最理智:"这是个圆。"由此可见教育的强大威力。从另一个方面说,如果教师善于引导,也可以培育学生的"悟性",换句话说,老师可以帮助还没"开窍"的学生"开窍",不过这很难,既取决于教师的水平,也取决于学生的学习热情,如果学生根本没有学习的兴趣,老师再高的教学艺术也是枉然。或许有人认为学生的学习热情要靠老师激发,正常情况下是这样,但诸多因素造就了现实,这已经超出了本书的讨论范围。假定学生是愿意学习的,在此基础上,老师能否帮助学生"开窍"就看教师的水平了。武学上有两个名词"任脉""督脉",一个人如果不能打通"任督二脉",那他的内功修为永远也不可能达到最高境界,我们把这称为武学上的"开窍",帮助学生开窍就是帮助学生打通"任督二脉"。

有一次进行教育硕士面试,这次我们一反常规做法,不再考他们的基础知识。他们大多是中学教师,大学期间学的那点知识早就忘得差不多了,还不如发挥他们的特长,我们要求他们每人讲几分钟的中学课程,介绍一个概念或者一个定理,具体内容他们自己选择。既然这些考生已经当过若干年中学教师,讲课应该是他们所长,然而面试的结果不容乐观。

试讲的内容涵盖了好几个方面,有讲微积分的,也有讲解析几何的,还有讲三角的。试讲者的一个共同特点是纠缠在具体的细节上,而缺少对概念、定理科学思想的阐述。以讲授微积分为例,面试者介绍了导数概念,他首先介绍了瞬时速度,通过变速运动导出一般的导数概念本身没什么错,问题是,讲授者纠缠在细节的计算上,他从时段 0.1 秒算到时段 0.01 秒,又突然过渡到抽象的导数定义。如果是面对学生,估计学生不知道他到底想说什么,为什么要这么做。导数的灵魂是什么?它蕴含的深刻的数学思想是什么?这些重要的问题不交代清楚,学生怎么能真正理解导数的精妙?事实上,局部地"以直代曲、以不变代变、以常量代替变量"正是贯穿微积分始终的灵魂。导数概念的阐述也不能脱离这一思想。几分钟的时间最多讲到导数产生的背景与其基本思想,还到不了纠缠细节的程度。再说解析几何,面试者选择了直角坐标系的建立,她一开始就纠缠在如何建立坐标系上(讲没讲清楚姑且不论),为什么要建立坐标系? 它能带来什么好处? 这些一概不提。导数、直角坐标这些数学史上产生重大影响的概念,其思想被我们的老师毫不吝啬地错过,而把学生的注意力吸引到了技术问题上,不能不说是一大遗憾! 这是应试教育的错吗? 我看与应试教育没什么关系。

懂一门课程未必就能讲好这门课,教师往往需要懂得更多,你只有站在比水平线更高的位置才可能看清楚水平面,正所谓高瞻远瞩、高屋建瓴。我们的老师做到了吗? 有多少能做到?

三尺讲坛,45 分钟,天地就在你的掌握之中。

弗赖登塔尔的数学教育理论认为[4],数学教育有 5 个基本特征:

(1) 情境问题是教学的平台;

(2) 数学化是数学教育的目标;

(3) 学生通过自己的努力得到的结论和创造是教育内容的一部分;

(4) "互动"是主要的学习方式;

(5) 学科交叉是数学教育内容的呈现方式。

简而言之即现实、数学化、再创造。教师的课堂教学固然要体现数学教育的基本特征,但创设什么样的问题情境? 如何从情境问题过渡到数学化? "互动"的形式是什么样的? 这些都值得教师认真思考。很多人认为,所谓师生互动就是教师布置问题,学生动手解答,从数学教育的全过程来看,这个程序是必不可少的,但就一节或很多概念课与原理课而言,互动未必仅仅表现在这种外在的形式上,为了互动而互动很可能导致课堂教学的生硬。事实上,在概念课与原理课的教学中,学生跟随着教师的启发完成整个的思维过程本身也是一种互动的形式。

注重学生的生活体验是没有错的,但注重生活体验不等于不要严谨性。"问题"是一切科学的灵魂,数学也不例外,但问题有真问题与伪问题之分。教材是教学的基础,它好比剧本,课堂好比电影或电视剧,教师既是导演也是演员,没有好的剧本,再好的导演也拍不出好看的作品,除非他在拍摄过程中重写剧情,但有多少导演能同时身兼剧作与导演二职?从我们所参考的几种不同版本的教材可以看出,教材可以改进之处甚多。

有一句名言说:"要给学生一碗水,教师需要有一桶水。"我们对此不以为然。师生之间不是一桶水与一碗水的关系,如果一定要用水桶来比喻的话,那教师的这个桶应该有一个泉眼,可以不断向桶里进水,而且还得告诉学生如何去找这个泉眼甚至更多的泉眼。换言之,教师需要不断学习、不断提高、教学生学会发现、学会学习。

有些人认为,刷题得高分是硬道理,在我们看来高分与素养并非一对矛盾,如果片面地为了高分而忽视了基本概念与原理的教学,最终培养出来的很有可能是会考试而不会应用的"高分低能"生。通过我们反复的探讨与实践,深切地意识到,完全可以通过概念课与原理课两个教学模块强化学生数学素养的培养[17]。很多教师习惯于蜻蜓点水般地将概念一带而过,原理课则采用多角度、高难度的方式强化证明训练,我们认为有失偏颇。原理课的重点有两个,一是怎样发现原理,二是如何通过分析发现证明的思路,证明越简单越直接越好,完全没有必要把原理当成一般的题目来训练,即所谓的变式教学,那是舍本求末的做法。原理课的多角度证明与解题训练可以留到解题课完成。但是,这对教师提出了比较高的要求,如前所述,教师既要对课程有宏观上的把握,又要对每节课有微观上的把握。所谓宏观即对于一门课程的整体把握,任何一个学科都不是空中楼阁,都有其产生与发展的背景。所谓微观是指对某门课程中具体概念、定理的把握。张奠宙、张荫南先生在文献[9]、[10]中针对微积分教学提出了问题驱动课堂教学的观点,之后陆续有一些研究[35~38]。其实,任何数学课程都应该围绕着问题进行,换言之,由问题驱动课堂教学。纵观数学发展史,任何数学理论的产生都是为了解决某些问题,恰恰是在对问题的分析与解决中闪现出数学思想的光芒。很难想象,离开了问题如何谈数学思想。

教育的成败在教师,大家一直强调教师要有一颗爱心,要有认真负责的精神,要爱岗敬业,要熟练掌握本门课程的内容,还要懂得教育学、心理学与教学法,仅仅具备这些条件尚不足以成为一个合格教师,文献[9]谈到了数学教师应该具备的基本素质。我们认为,一个合格的数学教师还应该熟悉数学史、了解数学文化,如果教师对一门课程的历史一知半解甚至一无所知,很难想象,他能讲清楚这门课程。克莱因的《古今数学思想》[7]是值得每个数学教师认真研读的数学史图书,中学教师至少应该通读其中的第一册与第二册和其余两册中与中学数学内容有关的部分。如果你不了解历史,你又如何向学生讲清楚一个概念是如何产生的?关于这个问题已经有不少文章谈及[39~42]。教师还应该做点教学研究,努力探讨:一个原理是如何产生的?它的科学价值何在?它为了解决什么问题?可以解决什么问题?原理中闪现出何种思想的光芒?如何寻找原理的证明?教师如果没有花一番苦功深入钻研,是无法通过合情推理完成课堂教学的,只能依样画葫芦停留在照本宣科的层面上,可喜的是现在很多人已经关注到这个问题[43~45]。

2.3.4 教育与考试

很多人都把应试教育归咎于高考制度,甚至有人提倡取消高考,果真如此的话,高校如何选拔人才?大学入学的标准如何确定?

有人指责我们的中小学总在攀比,谁家上了多少北大清华,谁家上了多少重点,谁家出了几个状元。攀比错了吗?世界上任何国家、任何学校都会有攀比的现象,你家出了多少政府高官,他家出了多少科学家、诺贝尔奖获得者等等。问题不在于比不比,比较是必然的,就看比什么,怎么比。中小学看重升学率没有错,没有比较如何判断教育水平的差别?世界上各种奖项不也是在比较基础上产生的吗?

有一个问题值得思考,将一些原本在大学才会学习的内容加进了中学教材是否可取?很多年前,第一作者请一位外语老师推荐一本英文教材,他告诉作者："教材本身不重要，无论是许国璋的教材还是新概念，学好了就是好教材"，我们深表赞同。好的教材可以给师生提供好的参考，但学习的效果根本上不取决于教材以及内容的多寡，而在于教师。有人认为评价的标准有问题，大学的评估标准的确有问题，我们往往忽略了一个最重要的标准："毕业生的社会满意度与贡献度"，说到底，重点学科、"大师"等都不是终极目标，终极目标是培养人才。就中小学而言，目前的评价标准要比大学相对简单很多，不必将注意力放在你有多强的软硬件条件，升学率是硬道理。中小学是学生一生中学习的中间过程，中学生还得进入高一级的学校继续学习，检验他们学习水平的标准当然是升入了什么样的学校。如此说来中小学教育岂不是没什么问题？的确，错不在中小学教育，也不在高考制度，而是高考的内容与方式。

　　全世界任何学校都要考试，只不过同样的问题可以有不同的考试方法。考题是根指挥棒，它直接决定了中小学教育的方向。考试不在于考什么知识点，就像中小学教材不在于是否必须增加新的内容，考试的根本在于命题是否真的能够测试出学生的思维能力、分析问题的能力及归纳推理与计算能力，这是我们应该花大力气改革的内容。以勾股定理为例，命题可以是这样的："如果一个三角形两条边的平方和等于第三条边的平方，这是个什么三角形？"也可以是这样的："由直角三角形你能想到什么？"或者："假如没有勾股定理或者勾股定理不成立，数学会怎样发展？"这样的题对于完全不了解几何思想的中学生而言似乎太难了。前者的答案是标准的，后者很难给出标准答案，能给出什么样的答案取决于学生的知识面、记忆力、归纳能力、推理能力乃至发散思维能力。初中生与高中生的答案必然是不同的，初中生充其量会想到勾股定理及其逆命题与否命题，对高中生而言，勾股定理、余弦定理、平行四边形法则、费马大定理等都可能成为学生联想的内容，聪明的学生甚至可能自己"发明"出一些定理。这类考题的评阅的确有难度，但不能因为有难度就不愿意做，事实上，我们的作文题就是没有标准答案的命题，只要值得做，不妨多增加一些评阅时间。

2.3.5　"朦胧"的数学题

学生能力的培养不仅与课堂教学有关,也与命题密切相关,如何命题则是一个考验命题者水平的大问题,如果说命题者怎样命题,教师便怎么教学恐怕也不为过。数学试题能否考察出学生分析问题的能力对于命题者的确是一大难题。即使是一道计算题也可以考察出学生的分析能力,例如可以看看如下 3 道数学题,不妨称之为"朦胧"的数学题。

问题 1　有人问葱多少钱一斤?卖葱的说:1 块钱 1 斤,这是 100 斤,要 100 元。又问葱白跟葱绿分开卖不卖?答:卖,葱白 7 毛,葱绿 3 毛。买葱的人都买下了。切段称了下,葱白 50 斤,葱绿 50 斤。最后结算,葱白 $50 \times 0.7 = 35$ 元,葱绿 $50 \times 0.3 = 15$ 元。$35 + 15 = 50$ 元,给 50 元就走了。卖葱的人纳闷了,为什么原来 100 元的葱,拆开就卖 50 元呢?

问题 2　猎人看到树上一只松鼠,绕着树走一圈,松鼠趴在树后面也跟着转一圈,始终没让他看到它背后。问:猎人绕树转了一圈是不是也绕着松鼠转一圈?一个观点是:当然了,绕着树转一圈也就绕着树上的松鼠转一圈。另一个说:既然他绕着松鼠转一圈,为什么即使没有被树挡着,猎人也看不到它的背?

问题 3　一个商人骑一头驴要穿越 1000km 长的沙漠,去卖 3000 根胡萝卜。已知驴一次可驮 1000 根胡萝卜,但每走 1km 驴要吃掉 1 根胡萝卜。问:商人最多可卖出多少胡萝卜?

这几道题虽然有些无聊,但作为趣味性问题无伤大雅。前两个问题比较平凡一点,第 3 道题不是纯粹的计算或分析可以解决的,需要计算加分析。我们可以这样来分析:首先驴不能一下子走到目的地,否则 1000 根胡萝卜就被它吃光了,白辛苦一趟。因此,它必定是先分三次把胡萝卜送到中间某个地方,假设这个地方距离出发地 $x$km,那么它把 3000 根胡萝卜送到这个地点后还剩下胡萝卜数量为

$$T = 2(1000 - 2x) + (1000 - x) = 3000 - 5x.$$

现在就需要分析了,按理说,剩下的胡萝卜越多越好,可如果剩下的胡萝卜超过了 2000 根,驴接下来还得走三趟,显然这不是最优策略,比较好的方案是剩下的胡萝卜接近 2000 根,最好是 2000,那就令 $T=2000$ 代进去算一算,马上会发现 $x=200$。后面可以依样画葫芦地分析与计算。有人问,最后驴怎么回去啊? 它回家也要走 1000km 的,这就不是本题需要回答的问题了,说不定胡萝卜贩子是个酒鬼,在驴到达目的地后,他拿驴当下酒菜了。

这类题目不是凭借简单的计算就可以解决的,还需要综合分析能力,而后者对于学生更加重要,我们的数学教育恰恰缺少分析能力的培养。我们之所以把这类题目叫做"朦胧"的数学题是相对于中小学传统数学题而言的,那些题目按照一般的形式逻辑论证或计算就可以解决。我们认为,数学计算(包括计算机技术)能力、逻辑论证能力、综合分析能力都是很重要的,如果从实用的角度看,后者也许更重要。

只要考试指挥棒有了改变,中小学教育就有可能跳出应试教育的怪圈。

2.4 数学与哲学

2.4.1 数学中的哲学问题

数学从来都是与哲学相关联的,事实上过去的数学家首先是哲学家,或者反过来说也可以。然而数学中的许多哲学问题一直都没有得到大家的一致认同。

在 20 世纪的前 30 年中,集合论的危机使得众多数学家卷入到一场大辩论中。这次危机涉及数学的根基,人们必须对数学的哲学基础加以严密的考察。这场大辩论产生了 3 大派别:(1)以罗素(Russell)为代表的逻辑主义;(2)以布劳威尔(Brouwer)为代表的直觉主义;(3)以希尔伯特为代表的形式主义。直到 1930 年,哥德尔(Godel)不完全性定理的证明最终使得各派别间逐渐停止了关于哲学的争论。大部分数学家不再关心哲学问题。这里之所以提及此事,是想说明数学中的很多哲学问题从来都没有统一的答案,例如,数学中的两个基本问题是:(1)数学是什么?(2)存在是什么?

这两个问题迄今没有一个令人满意的答案,柯朗曾说过:"'数学是什么?'这个问题,不能通过哲学概括、语意学定义或者新闻工作者所特有的迂回说法来做出令人满意的回答。"

"存在是什么?"是数学的另一个基本问题。什么东西可以算是数学?数学上不同的派别有不同的标准,一派认为,能够构造出来的才是存在的,另一派认为,只要逻辑上没有矛盾就是存在。但形式逻辑是依据人类有限经验建立起来的,对于无穷还适用吗?这就存在问题了,如果不能推广,那数学还有多少东西是靠得住的呢?

数学中的哲学问题很多,王浩在其《从数学到哲学》一书中谈到了数学哲学讨论的主要问题:(1)纯粹逻辑的本性及其在人类知识中的地位;(2)数学概念的刻画;(3)直觉及形式化在数学中的地位;(4)逻辑与数学的关系;(5)数学的本性及其与下列诸概念的关系;(6)数学的对象以及它们与现实世界(或实在)的关系;(7)(由此产生的)数学中的"存在",乃至无穷的意义;(8)数学活动的本质是发现还是发明;(9)数学的真理性、绝对性、相对性、约定性;(10)真理的判断标准;(11)数学与逻辑的关系;(12)数学的方法论,公理化与形式化,等等。事实上,如今的数学家们与数学哲学离得越来越远,形式主义的代表,布尔巴基学派的领袖人物丢东涅说:"众所周知,从 19 世纪后半叶以来,数理逻辑和集合论的发展引起当时许多数学家的兴趣乃至极大的热情,他们甚至并非逻辑专家,也毫不迟疑地参与由这些问题所引起的论战。到今天,这种局面完全两样。我觉察不到当代数学界的年轻的领袖人物对于基础问题表示过任何兴趣,除非他们专搞这一行"。实际上布尔巴基学派自己对哲学论战都失去兴趣了。

2.4.2 形式主义数学

为什么会出现数学家对哲学不感兴趣的情况呢？其根本原因恐怕在于当初逻辑主义、直觉主义和形式主义之间的争论并没有使根本问题得到解决，而且这些争论离数学问题越来越远，争论下去没有任何意义，不如不再争论。如今对数学哲学感兴趣者大概只有数理逻辑学家或哲学家们了。

人们对数学对象的认识有 3 种观点：(1)实在论，(2)观念论，(3)形式主义。实在论是说数学命题反映我们物理世界最普遍的性质。这种观点比较古老，很长时期占统治地位。按照这种观点，数学是物理科学的一部分。当然如今这种观点早就被抛弃了。

观念论认为数学的对象是某种精神或思想对象。但这种观点也遭到批判，一是不确切，二是有形而上学的假定，而数学是应该除掉形而上学前提条件的。

形式主义的数学是首先建立一套公理与概念，在此基础上演绎出一套理论。通常它不管这些对象有没有什么实际意义，完全按照自身的规则进行。从这个意义上说有人认为形式主义的数学就是符号游戏有一定的道理，如今的大多数纯数学都属于形式主义数学。

尽管形式主义公理体系可以任意给出，但是在演绎过程中也要依赖于经验及已有的知识，或者说从现实中某些特殊现象归纳出来。因此称形式主义数学是符号游戏有些极端了些，事实上，许多形式主义数学最终在自然科学中找到了它的重要应用。

形式主义数学的一个重要特点是命题无所谓绝对真假，而是相对于某一个公理体系，例如你可以承认两点确定一条直线，也可以不承认，只要你演绎的一套理论没有矛盾即可，是否有矛盾是形式主义数学中真与假的判断标准。

人们以为数学是一门精确严密的科学，其实不然，与很多科学一样，数学一直是在不断的矛盾冲突中发展起来的。数学史上最大的三次矛盾分别是无理数的出现、无穷小的出现以及集合论悖论的出现。

20世纪数学的发展如同宇宙大爆炸,诞生了众多的数学分支,如抽象代数学、微分几何、代数几何、拓扑学、泛函分析、测度论,等等。任何人想一探各个数学分支的全貌恐怕是异想天开。

然而,无论是何种科学的产生与发展,都离不开一个本质上属于哲学范畴的方法,这就是思辨。

2.4.3 数学的真理性

数学是什么?这是个哲学问题,迄今没有一个统一的定义。柯朗认为:"数学,作为人类智慧的一种表达形式,反映生动活泼的意念,深入细致的思考,以及完美和谐的愿望,它的基础是逻辑和直觉,分析和推理,共性和个性。"[27]法国数学家博雷尔(Borel)说:"数学是我们确切知道我们在说什么,并肯定我们说的是否对的唯一的一门科学。"英国逻辑学家罗素则针锋相对:"数学是所有形如 p 蕴含 q 的命题的类",而最前面的命题 p 是否对,却无法判断。因此"数学是我们永远也不知道我们在说什么,也不知道我们说的是否对的一门科学"。从古到今,人们对数学自身的认识是随着数学的发展不断变化着的。

什么叫真理?真理通常指与事实或实在相一致。与数学一样,人们对真理也没有一个统一的定义。许多与真理定义相关的主题同样无法获得共识。

在很多情况下,数学是现实的抽象反映,尤其是微积分及以前的数学,几乎都源于自然科学,其理论反映了自然规律。然而,数学与自然科学的一个典型差别在于,自然科学理论必须通过证真或证伪之后才能判断它是真还是伪。数学则不然,数学理论通常是一系列假设之下逻辑演绎的结果,而这些假设的对错并不是绝对的。例如你承认过直线外一点只能引一条该直线的平行线,在此假定下可以演绎出一套几何理论来。你也可以假设过直线外一点至少可以引两条直线与已知直线平行,同样可以演绎出一套逻辑严密的几何理论来,这就是罗巴切夫斯基(Lobachevski)几何。你甚至可以假定过直线外一点不存在一条直线与已知直线平行,于是你可以得到著名的黎曼几何。你觉得这三门几何学哪个是真理哪个不是?从逻辑上讲,它们都是自洽的,可三门几何的出发点却截然不同。由此可见,数学理论作为一门思维科学,只与逻辑有关,与结论的真伪无关。

或许有人会问:"数学是否是相对真理?"这就涉及真理的定义了,如果我们赞同真理必须与事实或实在相一致,那么数学可能连相对真理都不是。例如,我们可以假定人是有灵魂的,人死后灵魂变成鬼魂,在这个大前提之下,可以演绎出一系列与人的世界一样精彩的悲喜剧,甚至是类似"人鬼情未了"的人鬼两重世界的相互纠缠。只要逻辑上不存在漏洞,就认为这些故事是合理的。问题是,这个前提是事实或实在的吗?如果不是,在此假设下的一切作品都只能是鬼幻。

数学与真理是否有关?答案是肯定的,但有一个前提,那就是数学理论的大前提与现实世界相符,据此演绎出的一整套理论只要逻辑上自洽,很可能反映了客观真理,这也正是数学之所以在自然科学中能发挥无穷威力的缘由。但我们需要注意两个问题:(1)一般情况下,数学通常是客观世界的近似反映而不是精确反映(可能有例外);(2)数学理论中的某个结论是不是真理需要经过自然科学实验来证真或证伪。如果你读过《十万个为什么》,一定知道宇宙中有一个被计算出来的行星,这就是海王星。它是太阳系九大行星中的第八个,是第一个通过天体力学计算后被发现的行星。约翰·可夫·亚当斯和埃班·勒维叶在计算天王星的运行轨道后发现与观测结果有差别,于是他们猜测可能有另一个未知行星存在,并推算出了它的位置。后来柏林天文台台长约翰·格弗里恩·盖尔真的在这个位置发现了一颗新的行星,取名为海王星。这个事件就是典型的先有数学结论后经科学实验证真的过程。假如约翰·格弗里恩·盖尔或其他天文学家没有观测到这颗行星,我们还能认为这个结论是真理吗?充其量只能说这个结论在逻辑上是站得住脚的。

由此可见,数学与真理是具有交集的两个不同的东西,数学不等于真理,更不是绝对真理。

2.4.4 论数学证明

"什么叫数学证明"也是个数学哲学问题。什么叫数学证明?简单地说,是在特定的公理系统中按照某种规则或标准(逻辑系统)由公理或已经被证明的结论(定理或命题)推导出的命题,数学证明通常依靠演绎推理。

从证明形式的角度看,数学分形式化与非形式化两种证明,形式化的证明依赖于一套特殊的符号语言,它不能有任何逻辑上的模棱两可之处,否则这种证明就被认为是不严格的或者有漏洞,数学研究工作者使用的就是形式化的证明。非形式化的证明是用来说服普通大众接受某个结论的相对比较严格的自然语言,这种证明的严密性取决于证明者所使用的语言以及受众对这种语言理解的程度,这类证明通常出现在科普讲座等不需要严格数学化的场合。

从演绎的过程看,数学证明需要符合几个条件:

(1)数学证明具有一般性,演绎过程必须是针对所涉及的全部数学对象而言,无一例外。

(2)所使用的逻辑体系需要是公认的,演绎方法必须是正确的。

(3)证明所使用的论据必须是正确的,例如你证明过程中使用的命题必须经过证明是正确的。

(4)概念必须是清晰的,不能带有歧义。

(5)问题的转换必须是等价的,不能偷换概念或问题的内涵。

(6)结论必须是明确的,不仅可以进行重复检验或逻辑验证,而且人们根据这个结论不能推出相互矛盾的结果。

(7)结论必须具有普适性,不能有任何例外。

数学证明的典型特征是依赖于特定的公理体系与逻辑体系,历史上的第二次数学危机之所以产生,其内在的矛盾就在于使用了不同的逻辑,贝克莱使用形式逻辑质疑牛顿的无穷小，而牛顿或许自己也没有意识到他的问题本质上在于所使用的逻辑体系不同。事实上，微积分堪称运用辩证逻辑的典范，虽然后来柯西（Cauchy）将微积分语言严格化从而平息了争论，使得微积分得到了普遍的认同并成为数学史上最伟大的发明创造，但微积分所采用的逻辑体系并没有变化。所以严格意义上讲，数学理论无所谓真与伪，只要逻辑上是自洽的，就认为这套理论是正确的。

从方法论意义上讲，数学与自然科学有相通之处，而且很多数学问题来自于自然科学，所以很多数学理论与自然科学理论非常吻合，因而便有了数学是不是真理之问。出现这样的现象与数学是不是真理没有关系，而是缘于数学使用了与现实相吻合的前提以及合适逻辑的结果。换句话说，数学只论正确与错误，不论真理与谬误。

既然数学不论真伪，如何理解"数学是科学之母"？众所周知，任何问题都需要采用合适的语言来表达，也需要使用适当的方法去处理，数学是自然科学一种普适的语言符号，也是定量处理科学问题的有效方法，还是思考很多科学问题的通用逻辑，所以把数学称为科学之母是有道理的。但这仍然不能说明数学的真理性，因为根据数学理论与方法演绎或计算出来的结论是否是真理最终依然需要科学来检验。正是因为数学与自然科学之间这种纠缠不清的关系使得人们将数学的正确与错误和科学的真理与谬误混为一谈。

与数学不同的是，自然科学有着很多的偶然性与不确定性，所以自然科学作为实证性科学，并不像数学那样追求逻辑的严密性与结论的普适性，所以当人们运用数学去分析自然科学中的问题时，不适宜像追求数学结论的完美性那样追求科学结论的完美性。

数学证明作为建立数学理论的主要手段，对于数学教育无疑是十分重要的。但正如前面所说，数学证明分形式化与非形式化两种情形，数学教育该采用哪种形式？我以为，应该两种形式并举。非形式化证明可以帮助学生理解问题的本质，培养数学直觉与数学思辨能力，形式化证明可以培养学生的演绎与运算能力以及数学的严谨性。

2.5 课堂教学中的思辨、演绎与算法

2.5.1 思辨与数学

思辨、演绎与算法是解决问题的三个基本数学方法,费赖登塔尔在《作为教育任务的数学》一书中举了一个十分精彩的例子说明思辨与算法解决问题的差别:

问题:设有白酒与红酒各一杯,两者分量相同。现从白酒中舀一羹匙放入红酒杯中,调匀后,舀回一羹匙放入白酒中。问白酒杯中所含红酒是否少于红酒杯中所含白酒[8]?

解决上述问题有两种方法。第一种方法:设白酒与红酒容量为 a,羹匙容量为 b,在第一次动作后,红酒杯中红酒的比例为 $a/(a+b)$,第二次动作后,将红酒溶度为 $a/(a+b)$ 的混合酒舀一匙放回白酒杯中,舀的一羹匙中含红酒 $ab/(a+b)$。红酒杯中剩下容量为 a,白酒比例为 $b/(a+b)$ 的混合酒,其中的白酒含量为 $ab/(a+b)$,可见白酒杯中所含红酒与红酒杯中所含白酒一样多。第二种方法:将每个杯子中的白酒与红酒分离,则盛白酒杯中的红酒是红酒杯中所失,红酒杯中所失之分量由白酒所替代,因此白酒杯中所含红酒与红酒杯中所含白酒分量相同。前者即所谓的算法,后者即所谓的思辨。

在习题课教学中,很多老师习惯于通过各种题型训练学生的解题能力与速度,久而久之,学生习惯了模仿,而不懂得独立思考,在考试中可以应付见过的题型,一旦遇到从未见过的问题就束手无策了。事实上,纵观数学发展史,可以发现,任何一个重要数学问题的解决都伴随着新的理论与方法的产生,如果习惯了模仿,就不可能具备独立思考的能力,未来也就不可能有大的发明创造。

思辨即思考辨析,思辨,首先是一种思考方式,但不是与外界相关的,甚至可以不符合逻辑,这是因为思辨方法在其他方法之前。思辨能力就是思考辨析能力,所谓思考指的是分析、推理、判断等思维活动;所谓辨析指的是对事物的情况、类别、事理等的辨别分析。思辨与思维有关但又不同,思维是人用头脑进行逻辑推导的属性、能力和过程。从某种意义上说,思辨是哲学层面上的,而思维则是逻辑层面上的。

有一种观点认为,思辨与算法是现代数学与古典数学的分水岭,换言之,现代数学强调的是思辨因素,而古典数学强调的则是算法因素,这种观点有失偏颇。欧氏几何是算法的产物还是思辨的产物?代数是思辨的产物还是算法的产物?众所周知,古典数学尤其是欧氏几何是建立在形式逻辑基础之上的,其中蕴含着许多思辨因素。用思辨与算法来区分古典与现代显然是不妥的,古典数学中含有很多思辨,现代数学中也蕴藏着很多算法与技巧,最典型的莫过于解析几何、代数拓扑、泛函分析等学科。

从严格意义上说,任何数学学科都是思辨的产物,因为任何学科的发展原本就是个发现问题、分析问题与解决问题的过程,代数学如此,几何学如此,分析学也是如此。而分析问题的过程往往是个思辨的过程,解决问题的过程则是个逻辑演绎或计算的过程,从这个意义上说,思辨并非现代数学的专利。

从数学研究的角度看,有几个能力是必不可少的:(1)直觉;(2)演绎;(3)算法。如果一个人没有数学直觉,他就不可能具备观察问题的敏锐眼光,也不可能搞清楚研究的方向与目标,数学猜想正是建立在直觉基础之上的。一个人缺少逻辑演绎能力与计算能力,即使有好的想法也无法实现。胡适先生所说的"大胆猜测"是有前提的,那就是你需要具备对客观事物敏锐的直觉,而不是胡思乱想,"小心求证"则是在直觉基础上通过逻辑演绎或计算方法去验证猜想。"大胆猜测"也即通过思辨的方法获得对某个问题的初步结论,而"小心求证"则是通过演绎或计算的方式验证猜测是否正确。

如果说古典数学与现代数学有什么本质的差别,以我们所见,其最重要的差别之一是逻辑语言的不同。从历史的发展进程看,数学实际上分为三个阶段,第一个阶段即古典数学,主要分为代数与几何两个大的方面,第二个阶段即近代数学,在这个阶段产生了一门新的学科——分析学,第三个阶段则是现代数学,也可以称之为形式主义数学,它建立在集合论基础之上。古典数学与近、现代数学的一个重要差别之一是前者使用的是形式逻辑,而后者采用的多是辩证逻辑,这两种逻辑的转换正是导致第二次数学危机的根源[20]。过去人们习惯于非此即彼的论证方法,所以当牛顿的无穷小出现后,遭到了以贝克莱大主教为首的数学家的反对,贝克莱把牛顿的无穷小称为"不死的幽灵",因为它一会儿为零一会儿又不为零,而且还常常出现在分母上。所以贝克莱责问牛顿,你这幽灵到底是零还是非零?弄得腼腆的牛顿噤若寒蝉。出现这些责难的根源就在于人们用非此即彼的形式逻辑去理解无穷小量,自然觉得不可思议。微积分称之为数学史上最伟大的发明创造,不仅由于它改变了世界,也因为它改变了人们的思维,人们将现代数学称为思辨的产物也许正是源于这个因素。

　　然而,思辨与辩证思维是两个完全不同的概念,思辨是一个哲学术语,意指运用逻辑推导而进行纯理论、纯概念的思考与辨别[22]。辩证思维属于辩证逻辑的研究对象,它是指人们通过概念、判断、推理等思维形式对客观事物辩证发展过程的正确反映,即对客观辩证法的反映。辩证思维最基本的特点是将对象作为一个整体,从其内在矛盾的运动、变化及各个方面的相互联系中进行考察,以便从本质上系统地、完整地认识对象[23]。可见思辨与辩证思维的关键差别在于后者从变化、整体的角度进行思辨。准确地说,古典数学与现代数学最重要的差别之一在于前者以静止、局部的观点思辨,后者以运动、整体的观点思辨。所以与其说现代数学是思辨的产物不如说是辩证思维的产物,思辨是任何数学学科都具备的基本要素。由此看来,西方自古便将数学归类于哲学范畴是有道理的,即使在今天,西方有些国家仍然授予数学专业哲学博士学位,可见数学从来都是关于思维的科学,自然离不开思辨。

　　令人遗憾的是,自从实验科学诞生后,思辨逐渐淡出了人们的视野。

就我国目前基础教育而言,存在着一个比较严重的问题,忽略了"直觉",过分注重了"演绎"与"算法"能力的培养,离开了"直觉"的逻辑演绎与计算技巧只能蜕化为技能。换句话说,我们不是把数学教育当成一种素养的修炼,而是当成了技能的培训,这样培养出来的学生除了会解题恐怕难有大作为。

有人认为:"当今中国的数学教育需要精细化的认知研究,不需要用一些陈旧的、模模糊糊的概念来思辨。"这让我们颇为惊讶,何为精细化的认知研究?一个常识性的问题是:无论是数学还是自然科学的发明创造,无一例外的都是从模糊不清到逐步清晰的过程,对于实验科学而言,在这个过程中发挥主要作用的是思辨与不断的实验,而对于数学研究而言,这个过程无疑是个"模模糊糊"的思辨与不断演绎的过程,与所谓的精细化认知毫无关系。发表这番言论的人不由得让人怀疑他是否研究过数学,是否懂得数学,是否懂得数学的基本发展规律。作为数学"再创造"的数学教育,我们恰恰缺失了这种所谓"模模糊糊"的思辨。

2.5.2 思辨在数学教育中的重要性

曾经听过大学的一节试讲课,试讲者讲的是极值问题,主要介绍费马(Fermat)定理,他是这样开场的:

"今天我们要介绍费马定理,费马定理有两种,一个是费马大定理,即 $X^n + Y^n = Z^n$ 在 $n \geqslant 3$ 时没有整数解…(主讲者简单介绍了一下费马,不过介绍不到位),不过我们今天要介绍的是费马定理,不是费马大定理,先来介绍一下概念。"接着主讲者画了个函数图像,写下了极大值、极小值的概念。便说道:"费马定理是说:如果函数 $y = f(x)$ 在点 x_0 的邻域内有定义,且在该点可导,则当函数在该点有极值时,有 $f'(x_0) = 0$。"

主讲人写了"证明"两个字并开始边讲边写证明过程,本书第一作者问了几个问题:"你在一开始讲费马大定理与后面的内容有什么内在联系?其次,如果我是学生,我自然会产生这样的疑问,你为什么要定义极值?你怎么知道有费马定理的?"接着说道:"如果是我来讲,我可能会这样讲:现实中常常碰到求最大值与最小值的问题,例如木工要将一个圆柱形的木头锯成抗弯强度最大的矩形梁,该怎么锯?市场上,商家总是追求利润最大化,但并非价格越高利润越大,因为价格提高,销量就会减少,如何确定合适的价格使利润最大?反映到数学上来,就是求函数的最大值或最小值。那么,如何求函数的最大值与最小值呢?我会画出几种函数的图像,其中最大或最小值分别在区间的端点或内部取到,通过对这些图像的分析,我们会发现,最大值肯定在图像的'峰点'或端点处取到,然而,从这些图像可以看出,一个函数的峰点可能有很多,在峰点处函数有什么特点?于是极值概念出现了,通过对极值的进一步分析,我们直觉上会感到,如果函数在峰点处有切线,则切线应该是水平的,于是我们猜到了费马定理。"

这个寻找问题解决方案的过程就是个从模糊到清晰的演变过程,这种从模糊到清晰的过程正是数学研究与自然科学研究中司空见惯的思辨过程。

对于小学数学教育而言,毫无疑问教育学、心理学具有重要的指导意义,然而从初中开始,数学内容的思想性便上升到主导地位。如果教育研究者对一门学科的来龙去脉知之甚少甚至一无所知,如何保证他的理论对于这门学科的教育是适用的?

长期以来,很多数学教育研究与实际的数学教育过程如同两股道上跑的车,一些数学教育研究工作者高谈阔论、指手画脚,俨然一副内行的样子,但如果你问到具体的教学细节,他多半词不达意或不知所云。

中学数学教育不同于小学数学教育,并不像某些专家想象的那样依靠教育学或心理学便能起到醍醐灌顶的指导作用,如果我们对概念、定理的来龙去脉不甚了了,不懂得如何发现定理证明的蛛丝马迹,如何能讲好一节课?从这个意义上说,教师的课堂教学是否具有思想性,能否提升学生的科学思维能力,就在于教师是否具有"模模糊糊"的思辨能力并将这种能力潜移默化给学生。

思辨、演绎、算法三者有时候是密不可分的,思辨的过程有时候需要借助逻辑演绎甚至计算。例如,当我们发现某种现象时,常常需要通过各种例子来进行佐证,通过演绎或计算对这些例子进行分析从而获得初步的结论,这就是个思辨的过程。也就是说,思辨有时仅仅依靠简单的逻辑(如本章开始时的例子)并不能得出结论,而需要相对比较复杂的逻辑演绎甚至计算才能做到,数学研究中这样的问题屡见不鲜,所以,思辨、演绎、计算很多时候是交织在一起的。

基础教育存在的根本问题主要表现在两个方面:(1)忽视概念课与原理课,将主要精力用在解题课上;(2)解题课忽视思想方法与问题的发现过程,片面强化解题技巧的训练。一个重要概念的产生不仅伴随着许多历史事件,也闪耀着思辨的光芒。一个原理的发现过程比证明过程重要得多,发现原理的过程常常是个思辨过程。而我们实际的教学过程则是直接给出概念与定理,然后去证明,概念与定理背后所闪现的智慧与思想被老师毫不吝啬地抛弃了。解题课本来是个分析问题与解决问题的过程,但我们课堂与考试中出现的问题大多是计算题或条件与结论已知的论证题,解题课变成了技能训练课,老师通过各种题型让学生反复模仿训练。的确,它对于提高考试成绩发挥了重要作用,但学生在这种日复一日的机械化训练中不仅逐步丧失了对数学的兴趣,也丧失了思辨能力,考试时一旦出现陌生的题型,立刻变得惊慌失措无法应对。

很多人喜欢研究大师提出的猜想,很少自主创造与发展理论,也许与所接受的基础教育不无关系,西方很多学者在解决重要难题与猜想的同时往往创造或发展了新的理论,翻开菲尔兹奖得主们的工作便可见一斑。我们的解题课好比去证明数学家的猜想,条件是已知的,结论也是已知的,在解决这些"猜想"的过程中也缺少思辨,搜肠刮肚去寻找曾经见过或使用过的方法,天长日久,学生也就形成了一种习惯:模仿、套用现成的方法去解决问题,而不懂得如何去发现问题、分析问题。由此可见,不仅概念课、原理课需要改革,解题课同样需要改革。

解题课的改革主要在两个方面:一是面对给定的问题如何去寻找证明的思想方法,这个寻找的过程也是个思辨的过程;二是从给定的条件出发能够得出什么结论或者为了得到某个结论需要具备什么样的条件? 后者才是发明创造的驱动力,人们也把它称之为开放式题型。数学家们经常提出这样的问题:某个结论在什么情况下是成立的? 这样的问题在数学的几乎每一个领域都司空见惯,此类问题正是由结论寻找条件,当然,数学家们首先会思考为什么需要这个结论,它的价值何在。另一类常见的问题是:在给定的条件下可以得到什么结论? 例如欧氏几何以及许多现代数学理论都是在一系列公理基础之上通过逻辑演绎或计算建立起来的,这些公理就相当于给定的条件。可以说任何数学理论都是在这两类问题的驱动下发展起来的。遗憾的是,也许出于方便操作的缘故,开放式题型很少出现在我们的教材与课堂教学中。

针对概念课、原理课、解题课三种不同类型的课堂教学,我们提出了以问题驱动课堂教学的观点[17~19,23,24],这样的观点也散见在一些数学教育工作者及其他学科教育工作者的文章中。正如第1章所说,问题驱动的关键在"问题",换言之,我们该提出什么样的问题才是真实有效的?

第3章 从数学教育的本质看数学基础教育改革

3.1.1 八次基础教育改革简介

基础教育是关乎国家未来的百年大计,其成败在一定程度上决定了一个国家的未来,正因为如此,世界各国都十分重视基础教育。我国也不例外,从课程标准、教材编写到师资培训,经历了一轮又一轮的重大改革。这些改革的成效如何?改革该向何处去?这是值得人们思考的重大问题。聂必凯等人的《美国现代数学教育改革》[1]很好地总结了美国自第二次世界大战以来经历的四次重要数学教育改革。令人遗憾的是,关于我国数学教育改革还缺少系统的研究,这是一项具有重要意义的课题,有待于我们的数学教育工作者作系统深入的研究。本章简略回顾了新中国成立以来的基础教育改革历程,素材来自过往的资料,尚算不上研究。基于历史的回顾,我们从数学教育本质的角度分析了数学教育改革中存在的问题,提出数学教育改革的重点应转移到数学课堂,进一步分析了教材与课堂的关系、数学课堂的现状以及数学课堂教学应如何体现数学素养与思维能力的培养。

新中国成立以来,我国经历了八次重大教育改革,下面一一介绍。

第一次课程改革(1949—1952年)。1949年12月教育部召开第一次全国教育工作会议,提出教育改革的基本方针"以老解放区新教育经验为基础,吸收旧教育有用经验,借助苏联经验。建设新民主主义教育"。1950年

8月教育部颁发《中学暂行教学计划（草案）》，这是新中国成立后的第一个教学计划。同年9月，在全国出版会议上提出中小学教材必须全国统一供应的方针，并成立人民教育出版社，承担编写国家统一教材的任务，于1951年出版了第一套中小学全国通用教材。1951年3月教育部召开第一次全国中等教育会议，通过了《普通中学（各科）课程标准（草案）》和中学规程，提出目前普通中学的教学计划必须全国统一，课程科目和每科教学内容必须定出统一的标准。同年10月，政务院颁发了《关于改革学制的决定》，重新规定了中小学的学制，规定小学实行五年一贯制取消初高两级分段制，中学修业年限为六年，分初高两级各三年。根据学制的要求，1952年3月教育部颁发了小学和中学暂行规程，这是新中国成立后颁发的第一个全面规范中小学课程的政府文件。

第二次课程改革（1953—1957年）。1953年12月，政务院颁布《关于整顿和改进小学教育的指示》提出：今后几年内小学教育应在整顿巩固的基础上，有计划、有重点地发展，小学工作和学习应由教育部门统一领导布置。1954年4月，政务院颁布了《关于改进和发展中学教育的指示》，明确指出："为提高教育质量，中央教育部应根据国家过渡时期的总任务和中学教育的目的，有计划地修订中学教学计划，修订教学大纲和教科书，并为教师编辑一套教学指导用书，这是目前提高学校教育质量的一项最基本的工作。"这两个文件为课程改革提供了指导和依据。根据教学计划，教育部于1956年颁发了新中国成立后的全国第一套比较齐全的教学大纲：中小学各科教学大纲（修订草案）。

第三次课程改革（1957—1963年）。1957年2月，毛泽东作了"关于正确处理人民内部矛盾的问题"的报告，提出："我们的教育方针，应该使受教育者在德育、智育、体育几方面都得到发展，成为有社会主义觉悟的有文化的劳动者。"为了更好地贯彻这一教育方针，在教育部的周密部署下，又掀起了课程改革的新浪潮，先后历经了三个阶段。第一阶段：1957—1958年的调整。第二阶段：课程改革大跃进。第三阶段：1961—1963年的调整和反思。这一时期的课改注重学科与育人的作用，首次提出设置选修课,实行了国定制与审定制相结合的教科书制度,重视地方教材的编写。

第四次课程改革(1964—1976 年)。1964 年初,毛泽东发表了关于中小学教育的"春节讲话",提出学制、课程、教学方法都要改,3 月又针对当时学生学习压力过重批示"课程可以砍掉三分之一"。根据毛泽东的指示,1964 年 7 月教育部发出了《关于调整和精简中小学课程的通知》,接着不久"文化大革命"爆发,使 1961 年调整以来取得的一些成果付诸东流。

1966 年"文化大革命"爆发,全国进入混乱状态,没有了统一的教育方针与统一的教学计划、教学大纲和教科书,有的只是各地自编的生活式教材,生活、社会、革命构成了全部的课程。

第五次课程改革(1978—1980 年)。1977 年教育战线开始拨乱反正,召开了科学教育工作会议,对课程改革进行了充分的酝酿,以 1978 年 1 月教育部颁发《全日制十年制中小学教学计划试行(草案)》为起点,开始了课程领域内的拨乱反正。教育部颁布了全国统一的教学大纲,重建人民教育出版社,集中编写第五套全国通用的十年制中小学教材,于 1978 年秋开始在全国使用。

第六次课程改革(1981—1985 年)。1981 年,教育部根据邓小平"要办重点小学、重点中学、重点大学"的指示精神,颁发了《全日制六年制重点中学教学计划(修订草案)》,并修订颁发了五年制小学和中学教学计划。根据新教学计划的要求,人教社立即组织编写了第六套教材。1984 年教育部颁发了六年制城市小学和农村小学教学计划,在数学、外语、自然常识、劳动课程分别提出了不同的要求,同时对教学大纲也进行重新修订,于1986 年颁发了小学、初中各科教学大纲。

第七次课程改革(1986—1996 年)。1985 年 5 月中共中央颁发的《中共中央关于教育体制改革的决定》和 1986 年 4 月全国人大通过的《中华人民共和国义务教育法》拉开了第七次课程改革的序幕。由于实行九年义务教育后,初中课程已从原有的中学课程体系中分离出去,国家教委于 1990

年颁发了《现行普通高中教学计划的调整意见》,作为新的普通高中教学计划颁发前的过渡性教学计划。由人民教育出版社负责全新编写和修订的第七套全国通用中小学教材,也于 1988 年秋开始使用。

第八次课程改革(1996 年至今)。1996 年,国家教委于颁发了同义务教育课程计划相衔接的《全日制普通高中课程计划(试验稿)》。2001 年 2 月,国务院批准《基础教育课程改革纲要(试行)》,标志着我国基础教育课程改革全面启动。新课程于 2001 年 9 月在全国 38 个国家级实验区进行了实验,2002 年秋季实验进一步扩大到 330 个市、县。2004 年秋季,在对实验区工作进行全面评估和广泛交流的基础上,课程改革进入全面推广阶段。到 2005 年,中小学阶段各起始年级原则上都将进入新课程。

3.1.2 八次改革的基本特点

八次课程改革可以大体分成三个时期:"文革"前、"文革"中、"文革"后。其基本特点是"文革"前,借鉴苏联经验,理论体系完整,逻辑严谨,但应用不足。"文革"中,受"文化大革命"影响,过去的改革成果付诸流水,教育陷入一片混乱。"文革"后,借鉴西方的观念、体系,课程体系发生根本性改变,教材"生活化"程度大大增强。八次教育改革带给我们一个值得思考的基本问题:改革对一线教师的教育观念、教学方法产生了多大影响?

3.2 数学教育本质再探

3.2.1 教育中的再创造

从八次基础教育改革可以发现,所有的改革都是针对课程内容、教材体系、教育理念等,真正面向课堂的改革不多。这些年慕课、微课、翻转课堂搞得如火如荼、风生水起,但这些改革仅仅是教学形式的变化,没有触及课程的本质。我们似乎没有来得及思考一个基本问题:数学改革的根本任务是什么? 如果不触及具体的课堂,改革的成效注定会大打折扣。从这个意义上说,教育改革似乎不应仅仅着眼于课程标准与教材,而应将重点放在一线课堂! 没有针对一线课堂具体教学内容的方案与设计,再好的改革都将成为纸上谈兵。

我们为什么要讨论数学教育的本质? 因为它涉及如何评判改革的成效。人们普遍认同弗赖登塔尔"数学教育是数学的再创造"[2]的观点,什么叫教育意义上的数学再创造? 数学教学是一个活动过程,在这个过程中,学生通过数学活动把要学的知识发现或创造出来,教师的任务则是引导学生进行这种创造工作,而不是灌输现成的知识。"再创造教学"意味着学生的创造与教师的引导之间存在着某种平衡。

创造过程是从无到有的过程,再创造是再创造者独立发现已知结果的过程。教育中的再创造与一般意义下的再创造有所不同,概念、定理对学生是未知的,但对于教师是已知的,学生不是完全独立地去重新建立概念、发现定理,而是在教师的引导下进行"有限"的再创造。

3.2.2　关于任意角的三角函数

问题的关键在于教师以什么引导学生再创造? 显而易见,是问题导向。理论上讲,问题与问题解决是课堂教学的灵魂,但落实到具体的教学就有可能出现偏差。我们提出的素质教育、数学文化、核心素养等理念在课堂上是否得到了体现? 是如何体现的? 课堂教学该教什么? 这里不妨以高中任意角、弧度制以及任意角三角函数为例,来看看教材是如何处理的,教师是如何教的。以某教材为例,该教材针对任意角、弧度制、任意角的三角函数分别设计了三个不同的问题情境。

1.1.1　任意角

思考　你的手表慢了五分钟,你是怎样将它校准的?假如你的手表快了 1.25 小时,你应当如何将它校准?当时针校准后,分针旋转了多少度?

1.1.2　弧度制

度量长度可以用米、尺、码等不同的单位制,度量重量可以用千克、斤、磅等不同的单位制,不同的单位制能给解决问题带来方便。角的度量是否也可以用不同的单位制呢?

我们知道,角可以用度为单位进行度量,1 度的角等于周角的 $\frac{1}{360}$,这种用度作为单位来度量角的单位制叫做角度制(degree measure)。为了使用方便,数学上还采用另一种度量角的单位制——弧度制(radian measure):

1.2.1　任意角的三角函数

思考　我们已经学过锐角三角函数,知道它们都是以锐角为自变量,以比值为函数值的函数。你能用直角坐标系中角的终边上点的坐标来表示锐角三角函数吗?

这些问题情境是真实有效的问题情境吗? 它与历史相符吗? 它具有重要的生活意义或科学价值吗?

众所周知,任意角、弧度制、任意角的三角函数是密切相关的三个概念构成的概念链条,逻辑上是环环相扣的,可教材却将其割裂开来,针对三个概念创设了三个不同的问题情境,而且这些问题情境与促使这些概念产生的真实的问题基本无关。生活中谁会在意钟表的指针旋转多少圈? 千克、斤、磅等不同的单位制并非为了度量的方便,而是不同地区或国家不同的使用习惯所致,例如台湾、香港地区测量住房面积习惯用坪,大陆则习惯用平方米。这与是否方便无关。弧度制的发明初衷是为了度量的统一,而非不同的度量方法带来解决问题的方便。任意角三角函数的引入也有些令人费解,把锐角三角函数换一种方式表示能引出任意角的三角函数概念吗? 显然这些问题情境都值得商榷。

教师在教学环节如何处理这些概念? 根据我们听过的课堂教学以及见到的教案设计,与教材大同小异,尤其对于弧度制引入的重要性阐述不清,一些教案设计单刀直入:"今天我们要介绍角度的另一种度量方法",直切主题未尝不可,但应该阐述清楚引入弧度制的重要意义。还有些设计所提出的问题太空乏,指向性不强,学生无从思考,例如有些教案写道:"有没有度量角度的第二种方法?"如果学生没有事先阅读教材,对此类问题会感到一头雾水,然而如果学生事先预习了教材,这样的问题又显得多余。

促使这些概念产生的真正问题是什么? 是运动,具体地说,是旋转运动与直线运动之间的关系。弧度制的基本思想是为了使圆半径与圆周长有同一度量单位,然后用对应的弧长与圆半径之比来度量角度。这一思想的雏形起源于印度著名数学家阿利耶毗陀(476—550),但阿利耶毗陀没有明确提出弧度制这个概念。严格的弧度概念由瑞士数学家欧拉(Euler,1707—1783)于 1748 年引入。欧拉与阿利耶毗陀不同,先定半径为 1 个单位,那么半圆的弧长为 π,此时的正弦值为 0,就记为 $\sin\pi = 0$,同理,1/4 圆周的弧长为 π/2,此时的正弦值为 1,记为 $\sin(\pi/2) = 1$。从而确立了用 π、π/2 分别表示半圆及 1/4 圆弧所对的中心角。其他的角也可依次类推。

三角函数对数学与自然科学的影响之巨大是众所周知的,特别是微积分出现以后,三角函数更是成了数学、物理学、天文学、工程学最常用的数学工具,因为它是描述曲线运动最行之有效的数学理论。其最简单的模型之一就是一个质点做直线运动,另一个质点绕着该质点做圆周运动。生活中典型的例子是自行车或汽车的运动。由此可见,课堂完全可以通过学生生活中常见而且具有重要科学价值的现象创设问题情境:

问题 1　汽车以一定的速度做直线运动,汽车里程表是如何计算距离的?

问题 2　如何计算汽车轮胎上的一个固定点在任意时刻所处的位置?

第二个问题是天文学上天体运动的一个简化模型,如果以太阳为参照系,地球绕太阳运行,月亮绕地球运行,如何计算它们的运行轨迹? 这是个复杂的天文学问题。围绕上述两个问题可以设计一系列层层递进的问题链,引导学生认识任意角、发现弧度制、建立任意角的三角函数。这就将任意角、弧度制、任意角的三角函数设计成了逻辑关系清晰的完整的知识链,而且反映了这些概念与现实生活、自然科学之间的密切关系。如果教师把精力都用在这类问题的思考与研究上,也许对于基础教育可以产生实质性的影响,因为这些问题才是数学教育应该思考的问题。

3.3 改革将走向何方

3.3.1 中国教师英国执教的启示

让五位中国教师去教英国公立学校学生的结果是可以预见的,因为英国公立学校并非精英化教育,而我们的教育基本属于全民化"精英"教育。英国贵族孩子上私立学校,目的与目标都是明确的,普通百姓家孩子上公立学校也许有明确目标也许没有。如果要进行比较,具有可比性的是中国的重点中学与英国的贵族学校,可以试试如果让我们的教师去英国的私立学校执教效果如何?

要具备好的学养,有两样东西是必不可少的:兴趣与毅力。我们教育的最大问题也许是没能激发出孩子的学习兴趣。

学习需不需要训练? 这个问题没有任何争论的价值,所有课程的学习都需要训练,问题是需要弄清楚为什么而练?

多次看到过关于美国基础教育的介绍,意思是说美国基础教育只给那些喜欢学习的人提供最优质的教育,而对于那些不喜欢学习的学生只提供最基础的教育。爱好数学的学生需要学习的数学无论是深度还是广度都远远超过了中国,正是兴趣成了孩子学习的动力。

中国的学霸也是这样吗? 热爱学习的学生在任何国家、任何时代都存在,这里说的教育既不是只针对那些极少部分热爱学习、成绩优异的学霸,也不是只针对那些死猪不怕开水烫的"学渣",而是指绝大多数的学生。国民基础教育毕竟不是为少部分人服务的,也不应该是为选拔服务的,教育是一个复杂的系统工程,它涉及方方面面。如果教育也是只为热爱学习的学生提供最优质的教育,那么就应该给予不那么热爱学习的学生以出路。问题在于,无论你热爱还是不热爱,不认真学习就注定没有出路,注定被社会淘汰,所以我们的很多学霸不是出于兴趣,而是被逼出来的。

指望每个学生都热爱各门课程的学习是不太现实的,但我们的选拔式考试要求学生必须门门课优秀。我们的孩子能不能做到既顺利完成学业,取得不俗的成绩又不至于学成"傻子"呢?什么叫顺利完成学业?需要按照特定社会的标准来衡量,什么叫傻子?不是你的智商变低了,而是你学到的东西没有内化成能力,以至于什么都学了,可又什么都不会。

这里涉及两个问题:(1)学习需不需要兴趣?(2)没有兴趣能不能学好?我们的确赞成这样的观点,兴趣是可以培养的,除了极少数天才,大多数人的兴趣都是后天培养出来的。贪玩是孩子的天性,对某个课程的兴趣常常需要教师的引导,所以应试教育仅仅是令学生丧失兴趣的因素之一,教师则是另一个重要因素。

既然应试教育现状短时间内改变不了,那么唯一可能改变的就是教师的课堂。无论是大学课堂还是中学课堂,教师的影响是不容小视的,一个知识渊博、善于表达、认真负责又热爱教育的教师对学生的影响是深远的,完全可能影响学生对课程的兴趣甚至对未来的选择。从这个意义上说,真正可能改善(不是改变)教育的是一线教师,他们才是真正担负中国基础教育历史使命的主力军,给他们多一点发挥聪明才智的空间,少一点指手画脚的干扰是对中国基础教育最大的支持。

3.3.2 中外基础教育孰优孰劣

如果说奥林匹克数学竞赛只是少数学生的游戏,那么 PISA 测试则是面向全体学生的抽样测试,如果你认为奥林匹克数学竞赛不能说明一个国家的基础教育水平,PISA 测试该能说明问题了吧? 也许基于这样的认识,PISA 测试让中国基础教育令世界瞩目,以至于很多国家对中国的基础教育产生了好奇。

当年美苏两个超级大国争霸,因为苏联率先发射了第一颗人造地球卫星,美国人感到了不安,认为科技实力的强弱与基础教育有关,于是有了第一次大规模的教育改革,数学自然是首当其冲,史上称之为新数学运动。与当年美苏争霸不同,中国 PISA 测试遥遥领先令西方各国好奇,英国人首先跑到中国来考察,并别出心裁地邀请 5 位中国的优秀教师到英国的中学去完全按照中国的教育方式对他们的学生进行为期一个月的教育,然后将他们教授的班级与该校其他班级作比较,看哪个班的成绩最好。我们的教师倒也实在,不仅老老实实去了,而且老老实实按照中国一贯的教育方式去教了。这种尝试貌似颇有创意,但在我们看来,则是完全可以预见到结果的没有多少价值的交流。作为中学教师受到了这样的邀请,有两个选择,一是谢绝邀请,二是到什么山唱什么歌,先了解他们日常的教学方式与学生实际状况,然后根据情况采取合适的教学方式。那 5 位老师和盘托出的教育方式无异于授人以口实,最终导致的也许不是英国对自身教育的反思,而是对中国式教育的不以为然。我们自己明明知道我们的学生为什么能得高分,也非常清楚我们这样的教育应该如何改进,何必非得把这"秘籍"授予他人?

不同国家有着不同的文化背景与社会环境,将一个国家的教育模式完全照搬到另一个国家显然是行不通的。例如,我们将美国的教育模式照搬到中国来将会产生什么后果? 孩子们倒是开心了,不想学就可以不学了,可家长们愿意吗? 学校愿意吗? 如何面对残酷的升学竞争?

如果说中英教师不同的教育方式源于文化的差异则大错特错了,文化差异仅仅是一个方面。还有社会环境的差异,城乡差别、上大学与不上大学的差别、名牌大学与普通大学的差别,等等,归根结底,社会资源配置的差别。从统计意义上讲,所有这些差别将决定学生未来的一生,这也正是在中国从家长到学校无不强迫孩子认真学习的重要原因,假如这些因素存在于世界上任何其他国家,相信这个国家一样要做类似的事情,不是国家要你这么做,而是环境逼着学校与家长不得不这么做。

理论上说,谁都知道事之不如好之,也知道只有当你喜欢一样东西才会愿意为之付出,为之努力。但现实容不得教师花太多的时间去培养学生的兴趣,因为你永远只能激发一部分学生的学习兴趣,当你将这部分学生的兴趣培养出来后,付出的代价很可能是大部分学生的成绩不理想,由此带来的后果不言而喻,这就是中国基础教育的基本状况。英国教师需要面临这种环境吗?如果不需要,他们为什么要逼着孩子学习他们不喜欢的东西?为什么不能多给孩子们一点自由与娱乐的空间?

如何评价一个国家的基础教育水平?PISA 算不算科学合理的标准?这就要看你需要什么了,如果你需要的是考试成绩,PISA 测试肯定是重要的衡量标准。但如果你需要的是国民的整体素质与国家的科技实力,那么 PISA 测试无足轻重。美国与中国便是两个很好的例子,美国学生的 PISA 测试水平远低于世界平均水平,中国则高居世界第一。国民素质是个比较敏感的话题,也不那么好比,因为价值观与世界观本来就有很大差异,标准不好统一,但科技实力是可以比较的。也许很多人认为,美国聚集了全世界最优秀的科学家,这就更值得人们深思了,为什么全世界最优秀的科学家都愿意跑到美国去?我们费尽心机吸引人才,最终引来了多少人才?即便看美国本土出身的科学家,恐怕也是中国比不了的。

中国 5 位中学教师的英国教育经历未必能带给英国基础教育多少启示,但绝对带给我们自己很多启示,他们的经历提醒我们,我们到底需要什么?真正的高水平基础教育是什么?基础教育与国家之间到底是什么关系?如果我们一直把追求状元、追求名校作为基础教育的唯一目标,而这些状元们在享受了三四年中国最优质的大学教育后大多漂洋过海投奔西方国家去了,那就不必再谈什么基础教育,更遑论向别国传经送宝。

中国的基础教育不像西方国家那样从一开始就把学生分了层次,公立学校与贵族学校之间教育资源存在着巨大差异,正所谓贵族学校朝南开,无钱无势莫进来。中国则不然,普通百姓子弟只要刻苦,总还有上升的机会与通道。从这个意义上说,尽管我们的基础教育存在着诸多问题,但总体上说,它是公平的。

评判一个国家基础教育的成败有几个基本的标准:

(1) 在这种教育体制下,孩子的身心是不是得到了全面的发展?孩子们是不是伴随着快乐成长?

(2) 社会、家长是否认同这种教育?

(3) 这种教育是否带来了国家科技的强大与社会经济的真正繁荣?

(4) 这种教育是否带来了国民素质的整体提高?

也许还有更多的标准,但如果上述 4 点中一点都不能做到,可以肯定地说,这种教育是失败的。我们的确不必妄自菲薄,但也不要感觉太良好,如果用上述标准来衡量,我们的教育成功吗?

3.3.3 我们要解决什么样的问题

美国中小学"回归基础"改革很快寿终正寝,"问题解决"被提了出来。其实,不管在什么时期,数学教育工作者从来也没有忽视过培养学生解决问题的能力。虽然"问题解决"在不同时期受重视程度不一样,但一直都是数学教育的重要方面(以下有关美国"问题解决"改革的素材取自聂必凯等人的著作《美国中小学数学教育改革研究》[1])。

"问题解决"运动以 1980 年全美数学教师理事会发表的"要在中小学数学教学中推动问题解决的建议"为开始的标志,这个建议指出:"问题解决必须成为中小学数学教育的中心",数学教育界就这一课题做了大量的研究,并且企图将研究与课堂实践相结合,通过这一课题的研究切实看到学生问题解决能力的提高。不过,"问题解决"是个有歧义的问题,什么是问题?它的目的是什么?大家的解释各不相同。有人认为问题解决的目的是培养批判性思维,也有人认为是教授解题技巧,还有人认为是培养竞赛尖子,另一些人则认为是把生活中的实际问题归结为数学问题的学问。

不同的认识决定了不同的指导思想,也决定了各自不同的做法。总结起来,当时大致有三种不同的观点:

第一种观点是将问题解决视为实现其他目标的手段,为了教授数学,提高学生兴趣,作为消遣,培养技巧,巩固熟练所学的知识等。

第二种观点认为问题解决本身是一种重要的值得教授的技能。与第一种相比,这种观点更倾向于把培养问题解决的能力作为数学教学的目的。

第三种观点觉得问题解决带有特殊技能的意味。这种观点认为数学的核心就是对困难问题的解决,甚至数学就等同于问题解决,解决具有挑战性的问题才是推动数学进步的真正动力。即使是学习初等数学也仍然应该经受类似的考验,在问题解决中学习数学,体会什么是数学。

第三种观点得到了数学家们的共鸣,其中以波利亚(Polya)最为典型。

在美国数学教育界进行的"问题解决"研究与实践中,主要有 5 个方面的课题:

(1) 教师如何教授问题解决?

(2) 如何提高学生的问题解决能力?

(3) 结合认知心理学的研究成果,探索学生解决问题的心理过程;

(4) 利用技术手段,特别是通过人工智能方法来模拟人类问题解决的思维过程,从而寻找出解决问题的理想模式;

(5) 把问题解决放到包括数学在内的一般情况下进行研究,即把数学中的问题解决看成人类在对待挑战性问题时应该采取什么策略的子问题来处理。

波利亚的《怎样解题》是讨论问题解决的教学和培养学生解题能力论著中最具影响力的著作。他关于问题解决过程和方法的论述得到了包括数学家在内很多人的赞同,并被写进了许多中小学教科书,然而令人遗憾的是,美国学生的数学能力特别是问题解决能力并未因此得到长足进步,学习成绩也并未得到显著的提高。用波利亚的探索思路编制的程序对于解决一些普通问题都显得无能为力,一点也不比其他方法编制出来的程序更加理想。

科学的创新就在于我们原本不知道它可以做什么,却最终发现它能做什么,如果一切问题的解决都存在一个统一的可以套用的数学模式,那这些问题就不称其为未解决的科学问题了,至少算不上困难的科学问题,所以波利亚的失败是情理之中的事。

曾几何时,有人提出要把数学家们从脑力劳动中解放出来,数学家只负责提供想法,具体的解决过程由计算机去完成,这句话的确有点惊世骇俗,果真能实现的话,引起的反响大概不输于原子弹爆炸,说不定诺贝尔奖也成了囊中之物。随着人工智能的突飞猛进,类似的问题再次为人们所热议,最终能否实现这一宏伟目标,举世拭目以待。

中国的中小学数学教育一直在教学生解决问题,问题是我们要学生解决什么样的问题?如何教学生解决问题的方法?有一种改革的思路,教材内容生活化,使之与现实更贴近,学生更容易接受,这样的改革思路也许是为了教会学生利用数学去解决实际问题。可老师们愿不愿意这么做?事实证明,在几种不同版本的中学教材中,大多数教师更青睐于偏传统的教材。

一定数量的解题是需要的,解题是掌握并熟练运用数学知识的训练手段,否认这一点等于从题海战术走向了另一个极端,学到的数学必然是花拳绣腿,糟糕的是,我们过分强调了这种训练手段。目标决定手段,实践证明,题海战术是获得考试高分的最简单、最有效的手段,既然我们的目标是分数,大家为获得高分采取最有效的手段便无可指责。

数学课堂应该是一个提出问题、分析问题、解决问题的过程。而问题并非单纯的某一种,要视实际教学内容而定。例如,概念的引入、定理的建立往往源于现实或自然科学中的某个或某类问题,强化对概念、定理的理解与运用往往需要人造一些纯数学的问题。换句话说,片面地强调解决实际问题或者如数学家们认同的那样是为了对付挑战性的问题都有失偏颇,即使在一节课的教学中,问题的类型也可能是多样化的。数学教育是一种系统的科学素养的训练,与纯粹的问题解决不应该画等号。中国应试教育指挥棒下的题海战术显然不是真正教育意义下的"问题解决"。

3.3.4　基础教育是否存在统一的国际基准

　　1980 年以前,美国人觉得中小学教育能为大学培养一小部分优秀学生就足够了,但随着社会结构的多元化趋势越来越明显,大家对中小学教育的期望也随之发生了变化,社会要求学校能为所有的学生都提供机会,学习重要的数学与科学知识。很多教育工作者对数学教学提出了质疑,对传统数学教育能否培养合格的劳动力,学生能否学到真正有用的数学知识产生了怀疑。

　　1983 年,美国优质教育委员会发表了题为《国家处于危险之中,培养21 世纪的美国人》的报告,报告指出,在全球范围的经济竞争中,必须拥有一支掌握数学、科学和技术的劳动大军,但美国的学校没能提供合适的教育支持,使学生为未来的职业生涯做好准备。教育工作者要关注每个学生,平等地对待每个学生,改进教师的培养机制,并增加对基础教育的财政支持力度。为了应对社会对数学教育的要求,很多教育工作者提出了自己的看法。

　　面对近乎杂乱无章的教学现状与各州对教育不同力度的支持,全美数学教师理事会向 80 年代的美国数学教育提出了八项建议。该报告一经发布,立刻得到教师、学校、家长甚至政界人士的广泛肯定,数学标准运动旋即在全美展开了。

　　20 多年中,全美数学教师理事会(NCTM)出版的数学课程标准引领了美国数学教育的改革方向,也主导了美国数学教育理论的研究,这些标准也引起了美国教师、政策制定者及家长的困惑(以上史实摘自聂必凯《美国中小学数学教育研究》)。

　　众所周知,美国学生在各种国际性数学测试与比赛中成绩不佳,特别是与亚洲国家的中学生差距甚远,一些美国教育工作者因此对美国的数学教育再次提出了质疑,认为美国数学教育没有达到国际基准。问题是什么叫国际基准？国际性能力测试可以算基准吗？如果可以,那么中国中学生的能力绝对是世界超一流的,然而,我们最终在人才培养中得到了什么？如何评价一种教育的成功与失败？离开了教育的本质与目标谈国际基准恐怕是没有意义的。美国人认为他们的中小学数学教育不成功,中国人也认为自己的数学教育不成功,这两个国家恰恰是两种极端的典型代表。中国在国际数学竞赛及各种数学能力测试中几乎独领风骚,而这正是美国人的痛,美国中小学生在国际性能力测试中甚至没有达到"平均线"(最近似有所改观),难怪他们会如此纠结。我们不能说美国中小学数学教育改革是成功的,因为他们自己都认为自己不成功,可见有待改进之处甚多,但作为身在其中的人,我们深知中国的中小学数学教育改革尚称不上成功,否则怎会遭到国人如此多的诟病？

　　数学标准是面向所有学生的,该教什么？学生该掌握什么？学生的数学能力该达到什么程度？这些也许是标准需要解决的问题,但标准是一回事,实际的教育过程则是另一回事。教育的成败根本上并不取决于标准是怎么制定的,而在于实际的教学过程是如何进行的,这也许是中美数学教育差别的根源所在。教师的理念、选拔机制决定了实际的教育过程,如果你的理念是在各种测试中获得高分,那么按照分数至上的标准,在这种理念指导下的中国数学教育无疑是成功的。如果你的理念是要求学生掌握一定的数学思想、具备一定的数学素养、能运用数学思想与方法解决问题,那么美国的数学教育也许有很多值得中国借鉴与学习的地方。从培养数学天才的角度看问题,美国出了获得各种国际数学大奖的大师级人物,中国本土则没有,我们也许可以从中得到某种启发。从大众化数学教育的角度看,中国的普通百姓对数学的运用似乎也不见得比美国人高明,可见用国际数学能力测试成绩作为评判数学教育成败的标准显然有失偏颇。大概美国人既希望自己培养出很多大师级数学天才,又希望他们的普通学生在各种国际数学能力测试中取得好成绩,正所谓鱼与熊掌皆想要。

　　美国人在数学教育上的纠结启发我们思考这样的问题：能不能在两种不同的教育之间寻找到一种平衡？我们认为,数学教育的好坏关键看教师怎么教。以分数运算为例,老师该怎么教 $1/2+1/3$?似乎通行的做法是直接教学生通分,找最小公分母,至于为什么这么做是不管的,老师相信熟能生巧,多做多练自然就会了,看过一些案例,基本都是这个路数。我们为什么不利用几何直观呢?不妨先从尺子上的刻度说起,引导学生思考,甚至发动学生讨论,如何寻找一种刻度,使得"棍子"的一半及三分之一都能被量完?也许开始会多费点时间,但却是从根本上解决问题,学生有了几何直观,对其他类似的问题也就好理解了。在此基础上进一步观察分母有公因子的情况,例如 $1/2+1/4$ 等。如果我们真的通过几何直观让学生理解了分数的加法,再经过了一定的计算训练之后,学生没有理由不会计算。毫无疑问,采取哪种做法与教师的理念及教育水平密切相关。

3.3.5 几点建议

2017 年 9 月 8 日,陈宝生部长[51]在《人民日报》撰文指出:"深化基础教育人才培养模式改革,掀起'课堂革命',努力培养学生的创新精神与实践能力。"将改革转向课堂是正确的方向,但革什么命,如何革命则是个大问题。

课堂该改革什么?素质教育、数学文化、核心素养对课堂教学的指导意义究竟是什么?给一线课堂教学带来了什么?真正的课堂革命是什么?

课堂教学进行改良就可以,但不是概念性的改革,而是针对一线课堂实实在在的改革。我们可能需要从创新理念转向针对一线课堂提出具体的教学改革指导,不妨从 3 个方面入手。

1. 精炼教材,剔除教材中不伦不类的问题情境。没有把握的问题情境宁可不要,事实上,教材不是教师教学指导书,完全没有必要在教材中掺杂一些生硬的生活化素材。教材只是个半成品,需要教师课堂上的再加工,所以教材完全可以仅仅作为知识的呈现,而把问题情境的创设、概念与定理科学价值的发现留到教师教学指导参考书中或课堂上。

2. 重编教参,针对教材中的重要内容编写一套真正体现数学思想性的教师教学参考书。教师的水平毕竟是参差不齐的,大多数的中学教师由于自身学科素养的局限以及升学率的压力,他们没有能力或无暇思考概念课、原理课应该以何种方式进行,应该针对什么样的问题创设什么样的问题情境,教师教学参考书应该发挥重要作用。

教师教学参考书不能仅仅是教材意图的解读、课时的安排、教学重点难点的梳理,更重要的是应该做好如下几件事:

(1) 针对教材中的重要概念与定理在尊重历史的基础上通过合情推理帮助教师追溯这些概念及定理的起源,提供真正有价值的问题,也就是说,某个内容是因为什么问题而产生? 其本原性或派生性问题是什么?

(2) 创设合适的情境并将提炼的问题嵌入到该情境中形成问题情境。

科学的问题与真实有效的问题情境是课堂教学成功的关键,以复数概念课为例,这个概念恐怕是数学史上历时最长才得到广泛认同并对数学与自然科学产生深远影响的概念。传统的教材与课堂无一例外以 $x^2+1=0$ 没有实数解从而需扩充数系为由引入该概念,这样的引入方式虽然简单,学生可以依样画葫芦记住,但既不符合历史,也无法让学生领会复数的重要科学价值。从三次方程的求根公式到物理学中复数的引入经过了两百多年的漫长历史,出身如此艰难的概念被教材一句话就解决了恐怕有负复数的盛名。

复数真正得到数学家与物理学家们的认同是卡尔达诺(Cardano)公式出现的两百多年后,出生于挪威的丹麦地图测绘专家韦塞尔(C. Wessel,1745—1818)在运用平面向量工具和三角学工具研究有关测量问题时发现,他所使用的代表坐标轴纵向方向的单位量刚好与两百多年前数学中出现的虚数单位具有相同的特征,也就是说,三次方程求根中的虚数单位与几何中的方向向量实际是一个东西。

韦塞尔基于测量绘图实践工作的经验,抓住了有向线段的两个测绘要素:确定线段长短和确定线段方向,即长度和方向角及其变化规律。韦塞尔最了不起的创新,是他用有向线段的"乘法"定义有向线段的平面旋转变换,这样的思想深刻影响了后续的数学,例如四元素的诞生深受复数的影响。

如果没有复数及其运算,数学与物理学将如何发展?没有复数,物理学依然可以研究下去,但由于缺少了像实数一样方便实用的复数,物理学将变得更加晦涩难懂,因为用向量刻画物理的旋转将是一件颇为复杂的事情,需要比较复杂的三角运算。而有了复数,旋转变换变成了简单的数乘。没有复数,数学一样会发展,但不仅不会有四元数,也不会有复变函数、傅里叶分析这些无论对数学还是自然科学都产生了重大影响的强大数学工具。

从教学的角度看,虽然通过二次方程引入复数概念比较简单,但是利用复数的代数表示定义复数的乘除法运算不仅给学生的记忆带来困难,更重要的是,学生根本无法从其代数化的乘除法中领会复数乘除法的深刻几何意义与科学价值,这些问题是无法在教材中阐述清楚的。以学生的认知水平与能力,教材即使陈述了这些史实,学生也未必能理解。但教师教学参考书可以阐述清楚这个问题的来龙去脉并提出教学指导性意见。教学参考书中至少应该说清楚这样几个问题:(1)历史上复数是如何产生的?其中当然包括卡尔达诺的求根公式与韦塞尔的几何变换以及两者的殊途同归。(2)既然有向量法,为什么又引入复数描述物体的运动?复数引入的科学价值是什么?(3)复数运算的几何意义是什么?(4)复数给数学与物理学带来了什么?在此基础上提出教学建议。

教师教学参考书对于教学具有非常重要的指导意义,拜读过一些教学参考书,坦率地说,有点差强人意,教参通常都是指出某节内容的重点难点,至于某章节到底需要解决什么问题则避而不谈。在我们看来,一本好的教师教学参考书应该由这样几个部分组成。

(1)某内容大概需要多少课时。这是最基本的,当然不是最重要的,教师自己一般也都知道。

(2)某内容的重点难点是什么。传统的教师教学参考书也都有介绍。

(3)某内容为了解决什么问题。这是教师教学参考书的核心与灵魂,如果是概念课,教学参考书应该指出概念因为什么而产生,如果是原理课,教学参考书应该阐明原理的科学价值以及原理产生的背景,换句话说,即指出概念、定理的产生是为了解决什么问题,以便给教师的教学提供参考。以基本不等式为例,基本不等式(也叫均值不等式)的科学价值是什么? 有哪本教材与教学参考书提及过? 从方法论意义上说,基本不等式是线性与非线性之间的转换(算术平均是线性运算,几何平均是非线性运算),从其科学价值说,通过基本不等式可以对代数式进行伸缩变换从而完成估计,无论是最值问题还是不等式的证明都是如此,这是一种重要的思想方法。再创造过程其实也是个发现问题、分析问题与解决问题的过程。

(4) 如何创建合适的问题情境? 诚如弗赖登塔尔所说:"数学教育应该结合学生的生活体验与数学现实",有了问题,还需要合适的情境,将问题嵌入到该情境中形成问题情境。因为数学家分析问题与解决问题的过程未必适合用来作为教育过程,教师需要将其转换成适应学生认知能力的过程。教材试图做这种尝试,有些做得不错,但也有些问题情境让人莫名其妙。

(5) 如何引导学生探究? 教材中的探究不少,可惜的是,误把验证当探究的地方并不鲜见。验证与探究貌似有相似的特征,但有着本质的不同,验证是目标明确的情况下设法通过某种方式进行检验,而探究则是在目标不明确的情况下发现某种具有规律性的东西。以对数运算法则为例,中学教材给出了 M 与 N 各一组数,让学生计算 $\lg(MN)$ 与 $\lg M + \lg N$,然后比较计算出来的这两组数。你让学生比较这两个数无异于已经告诉学生这两个数是有关系的了,那还探究什么? 何况由于给出的不是特殊的数,学生得到的都是近似值,实际上根本不可能看出两者之间的关系,最后还得教师牵强附会地"总结"出运算法则来。在这个运算法则的教学过程中,最重要的是学生能不能在老师引导下发现 $\lg(MN)$ 与 $\lg M + \lg N$ 之间的内在关系。教师完全可以通过几组很特殊的数,例如 1 亿乘 10 亿、1000 亿乘 1 万亿等于多少? 怎么算出来的? 因为学生已经知道对数的概念了,很容易通过这个简单的计算发现 $\lg(MN)$ 与 $\lg M + \lg N$ 之间的关系,在此基础之上不妨像教材那样再给出几组稍微一般的数,让学生通过计算比较两者是不是的确有这种关系,最后再给出证明,这才是探究式教学。

一套高水准的教师教学参考书对于一线教师来说是个福音,它对提升教学水平具有举足轻重的作用,着力撰写一套高水准教师教学参考书是非常必要的。

3. 改善师资培训,根据具体的教学内容有针对性地进行教师培训,而不是空泛的理论报告。过去广州市的中小学教师培训大多是理论性报告,极少针对课堂教学内容的具体指导培训,虽然理论也重要,但理论如果离开了一线教学,注定是空谈,难以达到预期的效果。

有几个问题应该搞清楚:(1)对于一线教学而言,什么是最重要的?(2)一线教师缺少了什么?最需要什么?

教师培训与教育研究不同,教育研究可以针对课堂教学从各种角度展开研究,认知心理、教育原理、课堂观察以及课堂测量,等等,这些研究都是有价值的,对教育评价以及一线教学都可能具有指导意义。但作为从事一线教学的教师,他们迫切需要的并非教育理论,而是针对具体教学内容的教法。

既然数学教育是数学的再创造,一线教学需要的当然是教师的再创造能力,如果教师自身都不具备再创造能力,还如何引导学生再创造?一线教师最需要什么?我们认为他们最需要的是数学素养!包括对数学概念、原理的理解与价值判断能力。从这个意义上说,教师培训的重点应该在两个方面:

(1) 努力提升教师的专业素养。培训内容包括数学史、数学概观,因为只有站得高才能看得远,数学有如高低错落的名山大川,站在地面是看不清参差不齐的数学世界的。然而,如果深入其中,会发现即使最现代的数学理论也可以在最古老的数学里找到它的影子。例如微积分的诞生虽然仅有几百年的历史,但其思想的萌芽可以追溯到古希腊的割圆术,而最现代的代数几何可以追溯到古老的不定方程。几乎每一个数学分支都可以找到其产生与发展的历史脉络,而这种脉络的展现无不闪现出数学思想的光芒。教师们了解了这些就如站在塔顶看世界,数学对于他们就再也不仅仅是枯燥的符号与公式,他们也就知道如何恰当地在数学课堂上把握好思想与知识之间的平衡了。

(2)努力提升教师的数学鉴赏能力。数学是美的,它美在哪里?数学是有用的,它用在何处?数学是有价值的,它的价值何在?以勾股定理为例,这个号称自古以来数学史上十大重要定理之首(也是数学史上二十个重要定理之四)的定理其价值体现在哪里?又美在何处?

众所周知,迄今为止,人们已经发现了四百多种勾股定理的证明,大家为什么如此热衷于寻找这个定理的证明?它最初源于什么问题?其科学价值何在?美在何处?如果教师自己都无法感悟到勾股定理的魅力,又如何向学生展现这些魅力?数学文化又从何谈起?

美是一种主观判断,不同的人有不同的看法,但对于数学的美,人们的判断又常常有着惊人的一致,因为数学美的标准相对比较客观统一:对称性、简洁性、抽象性、普适性(与抽象性相关)、统一性等都是公认的数学美学标准。勾股定理不仅是几何与代数的神奇统一,其结果也非常简洁。若论实用性就更是大多数数学定理无可比拟的了,无论是纯数学还是应用数学或者自然科学,随处可见勾股定理的身影。

虽然勾股定理[52]源于几何上直角三角形三边之间的关系,但古代几何与代数是并行发展的,几何研究直角三角形的三边关系,代数则研究有理数域(可公度量)上的不定方程。为什么古代几何的发展远比代数完善?也许正是源于人们在研究几何时可以避开线的长度是什么数(后来的研究表明,古巴比伦人似乎早在公元前 1800 年就发现了计算 $\sqrt{2}$ 的方法并算出其精确到 1 万位的近似值,但导致数学史上第一次数学危机却是在公元前 370 年左右)。而代数则不同,过去人们只考虑自然数或有理数,把自然数当成了解世界的唯一钥匙,以至于柏拉图学院的小伙子希帕索斯(Hippias)因为发现了 $\sqrt{2}$ 而命丧大海,直至无理数正式被命名并得到数学界普遍认同而宣告第一次数学危机的结束,至于实数的完备化那就是更后的故事了,所以在古希腊几何发展优于代数发展是很自然的事。大家耳熟能详的费马大定理正是勾股定理的推广,不过不是在实数范围内,而是有理数域上的 n 次(n 是不小于 3 的自然数)三元齐次不定方程是否有整数解或有理数解。代数学意义上的勾股定理对于代数几何的产生与发展产生了深远的影响。可以说,历史上没有一个数学定理像勾股定理一样被应用得如此频繁,如此广泛,也没有一个定理像勾股定理这样对众多学科产生了如此深远的影响。它的科学价值不仅体现在数学上,也体现在自然科学中。

那么勾股定理反映的是一个什么样的科学问题?虽然证明的方法很多,但证明中最重要的思想是什么?它反映的是直角三角形三边之间的关系,怎么由已知边求未知边。其重要的思想是化长度问题为面积问题,这是很多几何问题中常见的思想方法。

这些年各种名目的教育改革层出不穷,尤其是在多媒体、网络时代更是花样百出,诸如慕课、翻转课堂、微课等搞得热火朝天,其实怎么教并无一定之规,真正重要的问题是:我们该教什么?

对于学科教育而言,如果一个人连基本的数学内容都一无所知,让他来指导数学教育不是天方夜谭吗?也许教育专家们认为教育原理是相通的,可以一通百通,事实完全不是这么回事。不同的学科有着完全不同的特点,这种特点决定了其教育方式有着本质不同。数学的典型特征是抽象思维,其教育的主要功能是教人学会如何科学地思考问题,语文的典型特征是形象思维,其教育的主要功能是教人如何表达,包括情感的表达、意念的表达、内容的表达等。你不懂数学怎么知道你的原理对数学教育是适用的?

现在有一种非常糟糕的倾向,几乎所有的基础教育师资培训都让大教育承包了,我不反对大教育承包小学的学科教学培训,但让大教育承包中学学科教育绝对是一件很可悲的事。我听过一些接受培训的教师们说过:"基本学不到什么东西",但国家却为此投入了大量的人力物力。有些学员参加培训不过是为了出来玩玩,或者由于某种原因需要培训经历,但报名后则玩起了消失,培训单位不以为意,你不来更好,既然你报了名,理所当然以学员的名义把每天的费用领了出来,这个钱自然不会给学员,而成了"创收",多亏了八项规定及时出台,否则有关人员又可以一如既往地发财了。

我们曾经给相关的培训者提议,不要搞太多夸夸其谈的培训,理论性的培训一两个报告足够了,可以针对具体的专题由老师与学员共同探讨,教师该教什么? 是知识,还是知识背后的东西? 一个概念或定理为什么产生? 其科学价值何在? 老师们也常把问题驱动放在嘴上,课堂上也貌似设计了很多问题,我们是否真正明白什么叫问题驱动? 我们是否了解问题驱动与问题引导之间的不同? 一个概念或定理的产生常常是为了解决某个问题,教师首先应该思考的是:"促使一个概念或定理产生的问题是什么?"也可以说:"一个概念或定理之所以产生是为了解决什么问题?"这个问题就是驱动课堂教学的本原性问题,清楚了这个问题之后,需要创设适当的情境,将该问题嵌入到这个情境中形成问题情境。课堂教学则围绕着这个问题情境展开,教师一般会根据这样的问题情境创设一系列引导式的问题形成一个问题链带领学生思考并最终寻找到解决问题的方法。大多数教师由于知识面、素养等方面的局限,通常面临两个方面的困难:(1)不知道促使一个概念或定理产生的本原性问题是什么;(2)创设何种情境是合适的。不但是教师,即使是我们的教材也经常把握不了这两个问题,作为师资培训,我们有能力帮助教师解决这些问题吗? 如果不具备这样的能力,这种培训的价值何在?

数学思想也好,数学文化也罢,都需要在日常的课堂教学中通过教师的引导去仔细品味与感悟,这才是真正的数学教育,也是我们课堂改革应该关注的重点,数学素养与能力的提升是数学教师教学水平提升的根本,数学素养与能力决定了教师课堂教学的层次与高度。

第4章　一堂关于《基本不等式》的"同课异构"评析

作为广州大学数学与信息科学学院与广州市执信中学联手数学教育改革重要环节之一的课堂教学,由执信中学组织开展了一次别开生面的"同课异构",本书第一作者与执信中学两位老师同台就"基本不等式"(第一次课,公式学习及求最值)各自上了一节公开课。参与听课与评课者有华南师范大学和广州大学数学教育研究专家及数学教育研究生、广州市教育局教研室以及执信中学数学科全体教师与广州市其他部分中学的数学教师。邀请大学教师与中学教师在同一个平台上课的目的旨在探讨大学教育理念与中学教育理念之间的契合点,从而在学生的数学素养与应试能力之间寻找到合适的均衡点。

两位中学教师的设计思路比较类似,均属传统教学方式:

(1)公式引入:两位教师都选择了苏教版的引入办法,通过虚拟的天平物理实验得到算术平均数,再由力矩原理得到几何平均数。

(2)公式证明:两位教师从代数、几何多个角度给出了基本不等式的证明,并在几何方法证明时解释一下几何平均数的由来。

(3)公式的强化学习(包括公式的使用):通过若干例子强化对基本不等式的理解,教学过程环环相扣、落实到位。其中一位教师的进度是完成课本的例题与要求,她所任教的班级是重点班。另一位教师的进度则跳过了一些课本练习展开了一些变式技巧,该教师所任教的班级则是普通班。

大学教师的课堂设计与传统做法完全不同,施教者首先简述了不等式的重要意义以及最大值、最小值在数学发展史上的地位,然后通过如下几个思考题层层展开。

思考一 你家建房时还剩下一些材料,你打算使用这些剩余材料在房子旁边依着墙壁修一个高度一定的矩形狗窝,你剩下的材料可以修一个长为 L 的围墙,请问如何修建可以获得面积最大的狗窝?

这是一个二次函数的模型,学生很快解决。但将这个问题稍做变化得到另一个问题。

思考二 你家建房的材料用完了,没有准备好修建狗窝的材料,现在你计划依着墙壁修建一个面积为 S 的矩形狗窝,你已选好建狗窝的材料,狗窝的高度也确定了,如何以最小的成本建成这样的狗窝?

这个思考题中出现了函数:$L = x + 2S/x$,如何求这个函数的最小值?从而引出基本不等式的探究、发现、推导与证明。

思考三 通过对两个基本不等式结构的分析,你认为什么情况下可能需要这两个基本不等式?它们能帮助解决什么问题?

由此总结出:"当因式中含两个因子的和或两个因子的乘积时可能需要利用这些不等式化'和'为'积'或化'积'为'和',目的是对目标函数做估计或者求最大值、最小值(最值)。"通过下面的例子对上述总结做一个诠释。

>>> 例1 在 $(0, 2]$ 上,函数 $f(x) = x + \dfrac{1}{x}$ 的最小值是多少?当 x 取什么值时函数达到最小值?

接着抛出第四个思考题。

思考四 当目标函数是两个因子的"积"或"和"时一定可以通过基本不等式求最值吗?

>>> 例2 在区间 $[0, 1]$ 上,函数 $f(x) = x(x+1)$ 的最大值是什么?

例子本身非常简单,学生通过观察便可以看出最大值是什么,但问题的关键在于,这个最大值能不能通过基本不等式得到?由此引发学生思考并得出下面的结论:

当基本不等式的两边有一边是定值时才有可能利用它求最值。

问题还没有彻底解决,还有下面的思考。

思考五 如果基本不等式的一边是定值,一定可以利用它求最值吗?

>>> **例 3** 求函数 $f(x) = x + \dfrac{1}{4x}$ 在区间 $[1, 2]$ 上的最小值。

学生通过这个例子可以看到,即使满足"一正、二定"也未必可以通过令两个因子相等而解出取最值的那个点。最后让学生自己总结出利用基本不等式求最值的基本原则。

课后思考题 根据这节课的讨论,你认为什么时候可以利用基本不等式求最值?如何求最值?

4.2　课堂评析

从两位中学教师的教学过程来看,教师很注重基本不等式的证明,尽可能从代数、几何多个角度来寻找证明方法,用多媒体动画展示射影定理,从直观上显示了基本不等式,这是课堂的一个亮点,40 分钟的课堂教学很顺利地过渡到求最值的应用,学生在课堂教学过程中基本没有表现出学习困难。其中一位任教平行班的教师在练习中出现了需要基本不等式变形技巧的题目。

但是这节课的教学有两个方面的问题值得反思:(1)这节课的主题是什么?(2)对于基本不等式,重要的是发现还是证明?两位中学教师采用了前面提到的某版教材中的天平实验,得出两个正数的算术平均与几何平均,天平实验并不能发现基本不等式,而将问题引到了两个平均数,可见教材的引入方法值得商榷。当然,也有人认为,利用物理实验得到两个平均数,从而引出两个平均数之间的关系问题,进而得到基本不等式。除了前面我们提到过的问题,基本不等式的意义远不止于反映两个平均数的关系,事实上,基本不等式的本质在于反映了两个因子的和与乘积之间的内在关系,它真正的科学价值在于通过"和"化"积"或"积"化"和"将代数式或函数进行缩放从而得到简化,最终完成估计(最大值、最小值问题也是如此)。当然,作为基本不等式的附带产品,适当介绍一下这两个平均是可以的。

总的说来,两位教师对原理本身科学意义的阐述不足,这是有待改进的地方。

大学教师在教学中选择从学生熟悉的二次函数求最值引入,变化到分式的线性运算,在这节课的教学中,有一个学生在黑板上直接将 $x+2/x$ 写成了 $(\sqrt{x}+\sqrt{2}/x)^2-2\sqrt{2}$ 的形式,与教师的预测不一样,教师只好随机应变改变教学策略,针对学生的这个转换进行分析,最终得出基本不等式,这个发现的过程也是完成证明的过程。

接着执教者通过思考三、思考四、思考五使学生通过解决问题去发现公式的应用价值,使用该公式有哪些需要注意的地方。

由于基本不等式有着很强的几何背景,所以教师提示学生:"几何与代数是密不可分的,几何可以帮助我们提供直观,帮助我们理解代数式的深刻内涵,代数则可以使几何问题的解决变得简单。看到两个正数的乘积你想到了什么?"学生答:"矩形面积或三角形面积。""看到两个正数的平方和你想到了什么?"学生回答:"想到了勾股定理。""换句话说,两个正数的平方实际上是以这两个正数为直角边的直角三角形斜边的平方,也可以看成以斜边为边的正方形的面积。"所有这些分析已经为学生完成基本不等式的几何证明提供了足够的信息,特别对于"元培班"这类优中选优的学生而言,完成证明完全不是难事。

执教者对基本不等式结构的分析主要基于两个方面,一是两个平均数,二是和与积的转化,后者是重点。所谓两个数的算术平均是指这样的数,它连加两次与原来两个数的和相等,所谓两个数的几何平均是指这样的数,它连乘两次等于原来两个数的乘积,这个概念可以推广到一般情形。算术平均学生不难理解,因为生活中很常见,几何平均则比较生疏,最好的例子是 GDP 的平均增长率或粮食的平均增长率。对于基本不等式,最重要的是通过对其结构的分析,让学生了解这个不等式的科学价值是什么。通过对不等式结构的分析,教师后面提出的一系列问题,并由此总结出:"当因式中含两个因子的和或两个因子的乘积时可能需要利用这些不等式化'和'为'积'或化'积'为'和',目的是对目标函数做估计或者求最大值、最小值。"并通过具体的例子对上述总结做一个诠释,整个课堂体现出探索的精神,高屋建瓴有大格局感觉。

由于教师对学生了解不够充分,所以课堂拖延了一点时间,而且思考三、思考四、思考五在我们看来可以把例题和问题的顺序换一下,课后调查一部分学生反映问题抛出来时不知道问什么(当然这也与教学双方第一次合作,相互不太适应有关系)。

在三个课堂上,可以看到教师们提出的每一个问题及问题情境都是为了启发诱导学生而精心设计的,对于第一次课的教学内容选取基本一致(之前并未规定第一次课具体内容)。

两位中学教师采取的是传统教法,而大学教师对这节课的处理则与传统教学有很大不同,主要体现在"原理的发现与原理的证明哪个更重要"这个价值取向上。正如大学教师在评课环节所说:"书本、知识与课堂三者之间是什么关系?书本是知识的载体,那么知识呢?它是终极目标吗?课堂上将知识传授给学生,学生掌握了知识,教育过程就完成了吗?我不这么认为,我认为知识也是一种载体,它是思想的载体,教师在课堂上的任务是将隐藏在书本知识背后的思想挖掘出来展现给学生,并让学生融会贯通,这才是教育。就概念课与原理课而言,虽说有上位学习与下位学习之分,但我们认为,一个原理的发现比原理的证明更重要。"

长期的合作研讨也让我们意识到,教育问题要从源头抓起,需要对师范教育做更深入细致的改革,而不是停留在传统的教材教法层面上[46-50]。

第5章 函数教学与案例设计

5.1 集合论教学策略与案例

5.1.1 是谁把数学推向了深渊

集合论产生于 19 世纪 70 年代,是德国数学家康托尔(Cantor)创立的。它不仅是分析学的基础,其一般思想已渗透到数学的所有分支。不过,试图对中学生完全讲清楚集合论的起源可能是困难的,因为这涉及无穷集合的计数问题,已经远远超出了中学大纲的要求,也超出了中学生认知能力的范围。可以通过科普的方式介绍一下集合论产生的背景,同时也应该让学生了解集合论并非完美无缺。

数学史上的争论对数学的影响一次比一次巨大。如果说牛顿的"幽灵"是传统的形式逻辑与分析学之间的"决斗",那么康托尔朴素的集合论则几乎把数学推向了深渊。康托尔出生于俄国的圣彼得堡,犹太后裔,后来迁居到德国。在而立之年,他提出了高深莫测的无穷大概念,这个无穷大不是微积分里的无穷大,是表述集合元素多少的。众所周知,有限集存在有多少个元素的问题,例如一个班级有多少人?班级的人数为这个班级的"基数"或"势",任何有限集都可以数出它的元素来,可如果问自然数有多少?有理数有多少?实数有多少?这就不是普通人能回答的问题了。康托尔的目的就是要给这样的集合(也叫无穷集、无限集)进行"计数"并比较不同集合中元素的多少。如果没有学过集合论,估计回答不了诸如这样的问题:"有理数集合与自然数集合中哪个集合所含的元素更多?"

集合论虽然成了现代一切数学的基石,甚至一些在它之前产生的数学也被纳入了集合论这个大箩筐中。然而,无论是集合论还是康托尔本人都经受了难以想象的煎熬。康托尔的集合论并未能被同时代的所有人接受,当时的数学权威、康托尔的老师克罗内克便猛烈攻击康托尔的工作,并且竭力阻挠康托尔的提升,不让康托尔在柏林大学获得职位。他说:"康托尔走进了超穷数的地狱。"克罗内克有一句名言:"上帝创造了正整数,其余的是人的工作。"就是说,人只能在正整数的有穷范围内研究,至于无穷的世界则完全超乎人的能力之外,他甚至不承认康托尔为他的学生。无休止的争吵使得康托尔心力交瘁,精神终于崩溃,于 1918 年 1 月 6 日在德国的哈尔精神病医院不幸逝世。

虽然康托尔的集合论很快为大多数数学家们接受并成为几乎一切数学分支的基础,庞加莱甚至声称:"数学严格的基础已经达到"。但不久之后,人们发现康托尔的集合论存在着严重的矛盾,最早发现矛盾的是康托尔本人,也称之为"康托尔悖论",这个悖论是说"既然任何性质都可以决定一个集合,那么所有的集合又可以组成一个集合,即'所有集合的集合'。显然,此集合应该是最大的集合了,因此其基数也应是最大的,然而其子集的集合的基数按'康托尔定理'又必然是更大的,因此'所有集合的集合'就不成其为'所有集合的集合'"。这一悖论并没有让康托尔恐慌,因为通过反证法便可以证明没有"所有集合的集合"或者说"最大的集合",当然也就没有"最大的基数"。真正给集合论带来致命一击的人是罗素,他在 1903 年给康托尔写了一封信,这封信的内容就是著名的"罗素悖论",也称之为"理发师悖论"。大意是说:"在一个村庄里住着一位理发师,这位理发师只给这个村庄里那些不给自己刮胡子的人刮胡子,那么这位理发师给不给自己刮胡子?"

罗素悖论给数学界带来的恐慌是空前的,好比大厦的地基产生了动摇,整个数学王国大有土崩瓦解之虞。以希尔伯特为首的一批一流数学家致力于开展挽救工作,希望把生命垂危的集合论救活。希尔伯特认为,良好的数学基础是可以建立起来的。在他的倡导下,以策梅洛(Zermelo)为首的一批数学家着手数学基础的建立。遗憾的是,事与愿违,希尔伯特的预言并没有能实现。无可奈何之下,人们给集合论加上了一些公理,著名的策梅洛选择公理便是在这样的背景下诞生的。这个选择公理说:"在一簇集合中,可以从每个集合中选且仅选取一个元素构成新的集合",对于有限个甚至可数个集合来说,这个公理都是显而易见的,但对于不可数多个集合就不是一件简单的事了。事实上,它涉及基本的逻辑问题。由数学归纳法,我们很容易证明能从一列集合中每个集合选取一个元素,可对于一个不可数集合簇,你如何选取? 可以证明,选择公理与所谓的超穷归纳法是等价的,换句话说,你要么承认超穷归纳法,要么承认选择公理。

在一系列公理下,已经发现的悖论可以避免,然而,问题并未彻底解决,人们并不清楚是否有尚未被发现的悖论? 庞加莱就这个问题发表了一个有趣的评论:"为了防备狼,羊群用篱笆围了起来,但不知道篱笆墙内还有没有狼。"希尔伯特(Hilbert)也兴奋地说:"没有人能把我们从康托尔的集合论中赶跑"。直到今天,集合论始终是现代一切数学以及相关科学理论的基础。

课堂可以通过下面这则故事展开。

从前,有一位大财主,他很有钱,但为人十分吝啬,又非常凶残。他家有一个很漂亮的后花园,但这位大财主决不允许别人到那里玩,一旦有谁走了进去,他必定将闯入者弄死。不过,他有一个怪癖,如果你进了他家的后花园,被他抓住,他在将你处死之前,一定会先问你几个问题,如果他觉得你讲的是真话,他就将你绞死,如果他觉得你讲的是假话,他就用刀将你砍死。这一天,有一个聪明人走进了他家的后花园,结果被他发现了,于是他命下人将这位聪明人绑了起来,并问他:"你到我的后花园干什么来了?"这位聪明人答了一句话,大财主想了又想,觉得绞死他不合适,用刀砍死他也不合适,最后没办法只好将这位聪明人放了。你能猜出这位聪明人讲了一句什么话吗?

这个讲给小学生听的故事中所蕴含的逻辑问题恰恰与"理发师悖论"有关。

中学阶段关于集合的教学可以考虑侧重于两个方面：(1)对集合论历史的初步了解；(2)集合的基本概念与运算。

5.1.2　集合论教学案例设计

◀ 案例1　集合

教学目的：

(1) 了解集合的含义以及元素与集合的隶属关系；

(2) 能采用不同的方法表示集合。

教学重点：集合的基本概念与表示方法。

教学难点：运用集合的两种常用表示方法——列举法与描述法，正确表示一些简单的集合。

教学过程：

一、问题引入

问题1　甲、乙两个班的人数可能不同，你怎么知道哪个班人数更多？假如一个刚上幼儿园的小朋友只认识十以内的数字，你能从这个小朋友的角度想办法辨别哪个班人数更多吗？

问题2　非负偶数与自然数一样多吗？

（康托尔正是为了解决微积分遗留的问题试图对无限集进行计数才发明了集合论，所以无限集的计数问题正是促使集合论产生的本原性问题，但这个问题比较抽象，适宜先从有限集的计数开始逐步诱导。）

当我们谈论或处理某些事情时，必定涉及一些对象，例如问题1涉及的对象是同学，问题2涉及的对象是数。所涉及的对象通常在一定范围内，例如，问题1涉及的对象限定在甲、乙两个班的同学范围内，问题2则限定在非负偶数与自然数范围内。

问题3　你能归纳出上述两个问题中涉及了哪些因素吗？

(1) 对象；(2)范围。换言之，它们都是由一些具有某种共同属性的特定对象构成的全体，这样的全体便是集合。

二、新课教学

（一）集合的有关概念

问题 4 集合是如何产生的？

康托尔为了研究无限集引入了集合概念，目的是为了给无限集计数（可以先通过有限集的计数问题粗略地介绍如何进行无限集的计数），像很多数学概念一样，产生之初出现了很多问题，并遭到很多人的质疑，甚至引发了数学危机（简单介绍一下数学史上的第三次数学危机），但最终集合论成为现代数学的基石。

问题 5 什么叫集合与集合的元素？

集合是一个无法用数学概念进行定义的最原始概念，只能采用描述的方法加以定义。它是一些具有某种共同属性的、确定的、不同的对象的全体，人们能意识到这些对象，并且能判断一个给定的对象是否属于这个总体。通常将对象统称为元素（element），一些元素组成的总体叫集合（set），也简称集。

思考题 1 判断以下元素的全体是否组成集合，并说明理由。

(1) 10 个苹果与 5 块石头；

(2) 10 个苹果与 5 个梨子。

所谓"具有某种共同属性、确定的、不同的对象"是一个相对的概念，选择对象的何种共同属性需要根据问题的需要而定，但如果属性的特征太泛化了，由此构成的集合可能对于问题的讨论没有多少价值，例如(1)中的"10 个苹果"与"5 块石头"就很难找到相对特殊的共同属性，所以不适宜将它们放在一起构成一个集合。(2)的"10 个苹果"与"5 个梨子"是否构成一个集合？这也需要看选择对象的任何属性，如果取其共同属性"水果"，则"苹果"与"梨子"可以放在一起构成一个集合。通过这个思考题可以帮助学生初步理解什么叫集合以及集合中元素属性的相对性。

问题 6 能否根据上述定义总结出集合的元素具有什么特征？

(1) **确定性**：设 A 是一个给定的集合，x 是某一个具体对象，则 x 或者是 A 的元素，或者不是 A 的元素，两种情况必有一种且只有一种成立。

（2）**互异性**：一个给定集合中的元素，指属于这个集合的互不相同的个体（对象），因此，同一集合中不应重复出现同一元素。

（3）**集合相等**：构成两个集合的元素完全一样。

问题 7　如何表示元素与集合之间的关系？

（1）如果 a 是集合 A 的元素，就说 a 属于 A，记作 $a \in A$；

（2）如果 a 不是集合 A 的元素，就说 a 不属于 A，记作 $a \notin A$（或 $a \in \neg A$）（举例）。

问题 8　你能说出一些常用的数集吗？

非负整数集（或自然数集），记作 $\mathbb{N}$；

正整数集，记作 $\mathbb{N}^*$ 或 $\mathbb{N}_+$；

整数集，记作 $\mathbb{Z}$；

有理数集，记作 $\mathbb{Q}$；

实数集，记作 $\mathbb{R}$。

（二）集合的表示方法

问题 9　集合是由一些具有共同属性的对象构成的，你能根据这句话找出表示集合的方法吗？例如，怎么表示一个班？怎么表示一些数构成的集合？怎么表示平面内一些点构成的集合？

1. 列举法　把集合中的元素一一列举出来，写在大括号内。

如：$\{1,2,3,4,5\}$，$\{x^2, 3x+2, 5y^3-x, x^2+y^2\}$，…

>>> 例 1　用列举法表示下列集合：

（1）小于 10 的所有自然数组成的集合；

（2）方程 $x^2 = x$ 的所有实数根组成的集合；

（3）由 1～20 以内的所有素数组成的集合。

说明　集合中的元素具有无序性，所以用列举法表示集合时不必考虑元素的顺序。

2. 描述法　把集合中元素的共同属性描述出来，写在大括号 $\{\ \ \}$ 内。具体方法：在大括号内用文字描述元素的共同属性，或者先写上表示这个集合元素的一般符号及取值（或变化）范围，再画一条竖线，在竖线后写出这个集合中元素所具有的共同特征。

如：$\{x|x-3>2\}$，$\{(x,y)|y=x^2+1\}$，$\{$直角三角形$\}$，…

>>> **例 2** 试用列举法和描述法表示下列集合：

(1) 方程 $x^2-2=0$ 的所有实数根组成的集合；

(2) 由大于 10 小于 20 的所有整数组成的集合。

思考题 2 结合上述实例，试比较用自然语言、列举法和描述法表示集合时适用的对象。

注意：描述法表示集合应注意恰当表示集合的代表元素。

>>> **例 3** 集合 $\{(x,y)|y=x^2+3x+2\}$ 与集合 $\{y|y=x^2+3x+2\}$ 是否相同？为什么？

问题 10 你能用几种方法表示全体整数构成的集合？

思考题 3 可否用$\{$全体整数$\}$表示整数集合？可否用$\{$实数集$\}$或$\{\mathbb{R}\}$表示实数集合？

思考题 4 列举法与描述法通常适用于表示什么集合？它们有优劣之分吗？

列举法一目了然，但不适合描述元素较多的集合或无限集，描述法通常是一种定性的描述，适用于元素较多的集合或无限集。

三、归纳小结

集合与元素的概念及几种表示方法，通过实例深入理解集合的概念以及正确的表示方法。

5.2 函数教学与教学案例设计

5.2.1 函数教学

高中的第一学年便要学习函数，函数是微积分的基本研究对象，要讲微积分自然少不了函数，问题是课堂上该强调什么？以函数的性质为例，我们讨论的函数性质通常有这样几类：1.有界性，2.单调性，3.奇偶性，4.周期性。除了讲清楚这些性质，更重要的是要阐述清楚这些性质的重要意义。有界的重要性在于，当某个变量发生变化时，与之相关的量是不是可以控制，教师甚至可以适当延伸一下，从系统的角度阐述一下它的意义，如经济上的敏感性分析，系统的稳定性分析，本质上都是研究某个量在某个变化过程中的有界性（只不过讨论的是导数的有界性）。单调函数的重要性在于实际问题中，常常要考察当一个量增长或递减时，与之相应的量（函数）是否随之增长或递减，这类例子俯拾即是，例如商品的供给函数是价格的递增函数，而需求函数是价格的递减函数。奇偶函数的重要性在于当我们清楚了函数具有奇偶性时，只需要研究自变量大于零的情形，自变量小于零的情形可以根据对称性得到。周期函数的重要性在于一旦知道了某个量的变化具有周期性，便可以预测某种现象何时出现。如天体的运动，海潮的涨落，季节的交替通常都是有周期性的。

初等函数是微积分研究的最重要对象，几乎所有的计算都是针对初等函数进行的。可以从数学模型的角度做介绍，在介绍过数学模型后侧重于介绍各种初等函数通常在什么样的实际问题中出现。以多项式的介绍为例，可以这样来进行，首先阐明什么叫多项式，最简单的多项式是一次函数（也叫线性函数，几何上代表一条直线），在通过适当的例子解释这些概念后需要进一步阐明它们的科学意义。很多实际问题中两个量之间都以线性关系变化，或近似地以线性关系变化。如匀速直线运动中，路程是时间的线性函数。根据物理定律可以建立匀速运动中路程与时间的函数关系。有时，也许没有自然定律和法则来帮助我们建立模型，此时可以利用统计数据在坐标系中描出它们的点，然后找出一条比较接近这些数据点的变化趋势的曲线来近似表达这些数据，这个过程也称为"拟合"（通过例子说明如何做拟合）。当然很多时候并没有这么幸运，事实上，绝大多数实际问题并不遵循线性模型，如弹簧的振动，电磁波的运动等都不可能通过线性模型来描述，甚至有时不能用一个简单的显式函数来表达。多项式函数可以描述更多的现象。实际上，无论是自然科学还是社会科学研究中，用得比较多的函数是多项式函数(可以再次举例说明多项式可以描述什么样的物理或社会现象,例如万有引力)。其他的初等函数也都可以对应到一些实际问题。

　　然而目前的教学往往忽略了函数的现实背景与应用价值,学生并不清楚函数意味着什么,它可以帮助我们解决什么问题。学生在学习了函数概念之后,脑袋里装了一大堆抽象的符号,能写出一大堆初等函数、分段函数,也会求定义域,还知道函数的各种各样的性质,可就是不知道能用它们干什么。教师完全可以从具体现象逐步切入函数,事实上,世间万物皆是不断变化的,人的生老病死,大海的潮涨潮落,经济市场的瞬息万变,无不体现了一个永恒的真理,不变是相对的,变是绝对的。如何描述各种现象的变化规律? 如何预测其变化趋势? 函数是反映这些客观规律的重要模型,它告诉我们不同的量在某个过程中的内在关系,以及它们的变化规律,通过对这些函数模型的分析可以预测各种相关量的变化趋势,这正是要学习的两个重要概念——函数与极限。但还应该指出函数与现实世界的不同,它通常是现实世界的近似描述,所以建立模型的目的有两个,一是利用模型解释现实世界中的某种现象,二是利用模型对被研究的未来做预测。由此可见建立数学模型的重要性。那么,如何根据实际问题建立数学模型呢? 通常有如下几步:

　　(1)首先我们要根据实际问题选择适当的自变量和因变量。这是十分关键的一步,既要考虑到模型能反映客观现实,又要考虑到数学处理的方便。换句话说,我们需要做一些折中。因变量的确定是比较简单的,常常根据我们要解决的问题便可确定,但自变量的确定就不那么简单了,通常我们不可能将与某种现象有关的所有因素都罗列出来,而是确定影响某种现象的最本质因素,将之确定为自变量,也就是说,这样的量足以左右某种现象的变化。

　　(2)建立适当的函数关系。建立函数关系有两种办法,一是根据某种现象的规律来建立,如天体的运动遵循牛顿定律,经济市场的各种现象通常遵循经济规律,等等。二是采集数据再作数据处理,从中发现规律,通过将数据描点,就可以得到函数的图像表示,如一些统计图表就是这样得到的。

(3)利用数学知识或工具对模型做分析,给出该数学问题的解答。微积分就是要告诉我们如何分析这些数学模型。

(4)根据对数学问题的解答,做出实际问题的客观解释。如果一个模型不仅能解释某种客观现象,还能对这种客观现象的未来做出比较准确的预测,这就是一个非常成功的模型了。

这就是说,函数只是现实世界的近似。在此基础上再介绍常用的一些函数——初等函数。

函数的连续性也蕴含着深刻的数学思想,特别是闭区间上连续函数的性质,闭区间所反映出的重要思想应该向学生有所交代,而且这一思想并不难理解,教师通常介绍二分法,但二分法为什么可行?这是应该阐述清楚的,因为它不仅是近代数学某些重要理论的"影子",在许多实际问题中也有重要的应用。如中学教材在函数应用一章会讲到函数的零点问题,零点定理依赖于闭区间的特定性质,即区间套定理,二分法不过是区间套定理的特殊形式。事实上,闭区间上连续函数的几乎所有性质都依赖于这个定理。如果仔细研究一下闭区间套定理,你会发现,无论我们在闭区间中取什么样的点列,总能从该点列中找到收敛的子列,且其极限还在该区间中。这一重要特征被人们广为推广并应用到现代数学的众多领域中,这就是许多现代数学分支中经常使用的列紧性概念。

如果从这样的角度来讲述函数,则不仅让学生了解了函数的基本概念,而且知道函数不仅仅是抽象的符号与演算,还有着深刻的现实意义与应用背景。

历史上函数经历了三个时期,最早提出函数(function)概念的人是 17 世纪德国数学家莱布尼茨,他用"函数"一词表示幂。后来他又将直角坐标系中曲线上点的坐标称为函数。18 世纪初,莱布尼茨的学生、瑞士数学家伯努利(Bernoulli)把函数定义为:"由某个变量及任意的一个常数结合而成的数量。"换言之,由变量与常量构成的式子叫做函数。伯努利的意思实际是说,函数是可以用公式来表示的。然而,两个变量的相互依赖关系未必都能用公式来表示,例如,质点在平面中的运动轨迹未必能用公式表示出来。1755 年,瑞士数学家欧拉对函数重新给了一个定义:"如果某些变量以某一种方式依赖于另一些变量,即当后面这些变量变化时,前面这些变量也随着变化,我们把前面的变量称为后面变量的函数。"在欧拉的定义中强调的是变量之间的依赖关系,尽管很多人并不习惯欧拉的定义,但欧拉的定义的确反映了函数内在的特征。1821 年,法国数学家柯西给出了一个更明确的定义,并首次使用了自变量一词:"在某些变数间存在着一定的关系,当一经给定其中某一变数的值,其他(另一个)变数的值可随之确定时,则将最初的变数叫自变量,其他(另一个)变数叫做函数。"柯西的定义反映了两个变量之间的因果关系,这一定义成为人们广为认可的标准定义。虽然此后陆续有一些新的定义,例如俄国数学家罗巴切夫斯基进一步提出函数的定义:"x 的函数是这样的一个数,它对于每一个 x 都有确定的值,并且随着一起变化。函数值可以由解析式给出,也可以由一个条件给出,这个条件提供了一种寻求全部对应值的方法。函数的这种依赖关系可以存在,但仍然是未知的。"这个定义指出了对应关系(条件)的必要性,利用这个关系,可以求出每一个的对应值。1837 年,德国数学家狄里克雷认为怎样去建立变量之间的对应关系是无关紧要的,他给了函数一个新的定义:"如果对于 x 的每一个值,总有一个完全确定的 y 值与之对应,则 y 是 x 的函数。"这个定义与柯西的定义其实并无本质的不同,它们都是强调变量之间的相互依赖关系,不管这种关系是公式确定的还是图像或表格确定的。可以说柯西与狄里克雷的定义抓住了函数的本质属性及依赖关系或因果关系。

集合论产生后,人们又赋予函数新的定义,这就是现行中学教材中的定义,这个定义将函数看成两个数集之间的对应法则。如前所述,为了定义函数,在中学阶段介绍并不迫切需要的集合概念是否必要?这是个有待商榷的问题。

5.2.2　函数教学案例设计

◢ 案例 2 　集合之间的映射

教学目的：

(1) 了解映射的概念及表示方法，了解像、原像的概念；

(2) 结合简单的对应图示，了解一一映射的概念。

教学重点：映射的概念。

教学难点：映射的概念。

课　　　型：概念课。

教学过程：

一、问题引入

问题 1　回顾如何比较两个集合所含元素的多少。此问题除了涉及集合，还涉及什么？

问题 2　假如我喊张三的名字或学号，为什么张三而不是别人会回应我？

问题 3　我们为什么把一条水平直线称为数轴？你又是如何帮助幼儿园小朋友区分两个班人数多少的？

问题 4　你能不能用类似数轴的观点解释一下平面直角坐标系的本质是什么？

二、新课教学

思考题 1　你现在能不能判断非负偶数集合与自然数集合谁的元素更多？用什么方法判断？有理数集与自然数集呢？

定义　假设 A, B 是两个非空的集合，如果按某一个确定的对应法则 f，使对于集合 A 中的任意一个元素 x，在集合 B 中都有唯一确定的元素 y 与之对应，那么就称对应 $f: A \rightarrow B$ 为从集合 A 到集合 B 的一个映射 (mapping)，记作 "$f: A \rightarrow B$"。

⟫⟫⟫ 例 1　设 $A = \{1, 2, 3, 4, 5\}$，$B = \{1, 3, 5, 7, 9\}$，在 A 与 B 之间作对应

关系如下:

$$1 \rightarrow 3, 2 \rightarrow 1, 3 \rightarrow 5, 4 \rightarrow 7, 5 \rightarrow 9.$$

请问这是不是一个映射?

问题 5 在例 1 中的两个集合 A 与 B 之间还能做出其他的映射吗?如何理解定义 1 中的"唯一确定"? 能否举出不唯一确定的例子?

思考题 2 两个集合之间的映射有多少种可能的情况? 能举例说明每一种可能的情况吗?

1. 非单射(多对一);2. 单射;3. 非满射;4. 满射;5. 一一对应。

思考题 3 如果两个有限集合的元素不一样多,能否在两个集合之间建立一一对应? 为什么? 如果是无限集合呢? 举例说明你的结论。

▶ **案例 3** **函数概念**

教学目的:

(1) 通过丰富的实例,进一步体会函数是描述变量之间依赖关系的重要数学模型,在此基础上学习用集合与对应的语言来刻画函数,体会对应关系在刻画函数概念中的作用;

(2) 了解构成函数的要素;

(3) 会求一些简单函数的定义域和值域;

(4) 能够正确使用"区间"的符号表示某些函数的定义域。

教学重点:理解函数的模型化思想,用集合与对应的语言来刻画函数。

教学难点:符号"$y = f(x)$"的含义,函数定义域和值域的区间表示。

课　　型:概念课

教学过程:

一、问题引入

▷▷▷ **例 1** 一枚炮弹发射后,经过 26s 落到地面击中目标。炮弹的射高为 845m,且炮弹距地面的高度 h(单位:m)随时间 t(单位:s)变化的规律是

$$h = 130t - 5t^2 \tag{*}$$

炮弹飞行时间 t 的变化范围是数集 $A = \{t \mid 0 \leqslant t \leqslant 26\}$,炮弹距地面的高度 h 的变化范围是数集 $B = \{h \mid 0 \leqslant h \leqslant 845\}$。

从问题的实际意义可知,对于数集 A 中的任意一个时间 t,按照对应关系(*),在数集 B 中都有唯一的高度 h 和它对应。

❯❯❯ **例2** 近几十年来,大气层中的臭氧迅速减少,因而出现了臭氧层空洞问题,图5.1的曲线显示了南极上空臭氧层空洞的面积从1979年到2001年的变化情况:

根据图中的曲线可知,时间 t 的变化范围是数集 $A = \{t \mid 1979 \leqslant t \leqslant 2001\}$,臭氧层空洞面积 S 的变化范围是数集 $B = \{S \mid 0 \leqslant S \leqslant 26\}$。并且,对于数集 A 中的每一个时刻 t,按照图中的曲线,在数集 B 中都有唯一确定的臭氧层空洞面积 S 和它对应。

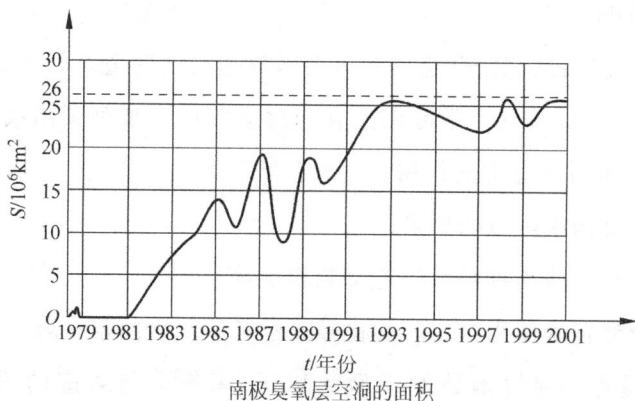

南极臭氧层空洞的面积

图 5.1

❯❯❯ **例3** 国际上常用恩格尔系数反映一个国家人民生活质量的高低,恩格尔系数越低,生活质量越高,表5.1中恩格尔系数随时间变化的情况表明,"八五"计划以来,我国城镇居民的生活质量发生了显著变化。

表5.1 "八五"计划以来我国城镇居民恩格尔系数变化情况

年 份	1991	1992	1993	1994	1995	1996	1997	1998	1999	2000	2001
城镇居民家庭恩格尔系数变化	53.8	52.9	50.1	49.9	49.9	48.6	46.4	44.5	41.9	39.2	37.9

请仿照例 1、例 2 描述恩格尔系数和时间的关系。

问题 1 还记得万有引力公式吗？当两个物体的质量已知时，如何求两个物体之间的引力？引力的大小与什么因素有关？引力随着什么变化而发生变化？

问题 2 自由落体实验告诉我们，两个物体从同样的高度抛下，它们将同时落地，然而，当我们从同一个高度同时抛下一张纸片与铁球时，两者实际上并不同时落地，这是为什么？如何理解自由落体公式？

（问题 2 的目的是启发学生思考并归纳出这样的结论：理想状态与实际状态通常是有很大差别的，所以数学模型大多是现实中某种现象的近似描述，而非精确描述，这种近似通常是因为忽略了某些次要的因素所致。）

问题 3 现实中具有因果关系的两个量一定可以用代数式来表示吗？能否举例说明你的结论？

二、新课教学

（一）函数的有关概念

问题 1 从上述例子可以看出，自然界很多变量之间存在着相互依赖关系，如何描述这种依赖关系？

（1）将实际问题中的关键因素数量化，寻找最重要的变量；

（2）建立不同变量之间的等量关系。

问题 2 能否用集合的语言重新描述两个变量之间的因果关系？

定义 1 （函数的概念）设 A,B 是非空的数集，如果按照某个确定的对应关系 f，使得对于集合 A 中的任意数 x，在集合 B 中都有唯一确定的数 $f(x)$ 和它对应，那么就称 $f:A{\rightarrow}B$ 为从集合 A 到集合 B 的一个函数（function），记作：$y=f(x)$，$x{\in}A$。其中，x 叫做自变量，x 的取值范围 A 叫做函数的**定义域**（domain），与 x 的值相对应的 y 值叫做函数值，函数值的集合 $\{f(x)\mid x{\in}A\}$ 叫做函数的**值域**（range）。

问题 3 你能找出定义 1 中最关键的因素吗？

（1）"$y=f(x)$"是函数符号，可以用任意的字母表示，如"$y=g(x)$"；

（2）函数符号"$y=f(x)$"中的 $f(x)$ 表示与 x 对应的函数值，它是不可分割的整体。

构成函数的三要素：定义域、对应关系、值域。三者为一个整体,密不可分。

>>> **例 1** 判断下列对应能否表示 y 是 x 的函数:

(1) $y=|x|$; (2) $|y|=x$; (3) $y=x^2$; (4) $y^2=x$。

练习 1 图 5.2 中的图像能表示函数图像的是( )。

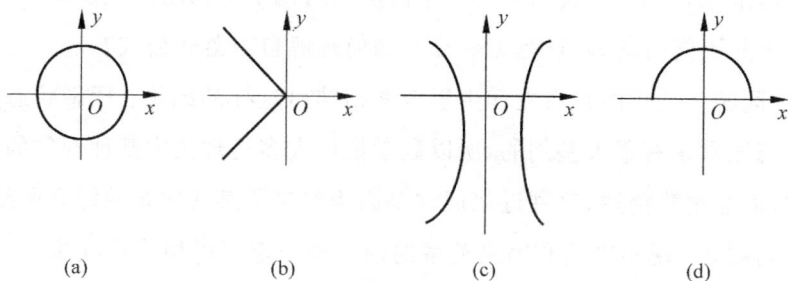

(a)   (b)   (c)   (d)

图 5.2

问题 4 一次函数、二次函数、反比例函数的定义域和值域讨论。

(1) 一次函数 $f(x)=ax+b(a\neq0)$,定义域为 R,值域为 R ;

(2) 反比例函数 $f(x)=\dfrac{k}{x}(k\neq0)$,定义域为 $\{x\mid x\neq0\}$,值域为 $\{y\mid y\neq0\}$;

(3) 二次函数 $f(x)=ax^2+bx+c(a\neq0)$ 定义域为 R。$a>0$ 时,值域为 $\left\{y\middle|y\geqslant\dfrac{4ac-b^2}{4a}\right\}$; $a<0$ 时,值域为 $\left\{y\middle|y\leqslant\dfrac{4ac-b^2}{4a}\right\}$。

(4) 函数 $y=f(x)$ 的图像如图 5.3 所示:

① 函数 $y=f(x)$ 的定义域是什么?

② 函数 $y=f(x)$ 的值域是什么?

③ y 取何值时,只有唯一的 x 值与之对应?

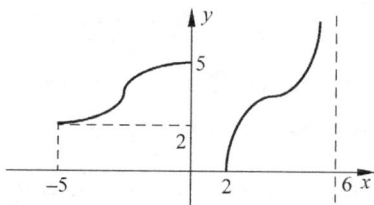

图 5.3

问题 5 函数的定义域与值域通常具有哪些形式?举例说明你的结论。

定义 2 （区间的概念）

(1) 区间的分类：开区间、闭区间、半开半闭区间；

(2) 无穷区间；

(3) 区间的数轴表示。

（由学生完成，师生共同分析讲评）

问题 6 举例说明函数的定义域通常根据什么来确定。

(1) 函数的定义域可能由问题的实际背景确定；

(2) 如果只给出解析式 $y = f(x)$，而没有指明其定义域，则函数的定义域即是指能使这个式子有意义的实数集合；

(3) 函数的定义域、值域通常写成集合或区间的形式。

1. 巩固练习：求下列函数的定义域：

(1) $y = \sqrt{\dfrac{1}{1 + \dfrac{1}{x}}}$ ；   (2) $y = \dfrac{(x+1)^0}{\sqrt{|x| - x}}$ ；   (3) $y = \dfrac{3}{1 - \sqrt{1-x}}$ 。

问题 7 如何判断两个函数是不是同一个函数？

说明：

① 构成函数的三个要素是定义域、对应关系和值域。由于值域是由定义域和对应关系决定的，所以，如果两个函数的定义域和对应关系完全一致（或可以相互转换），即称这两个函数相等（或为同一函数）。

② 两个函数相等当且仅当它们的定义域和对应关系完全一致，而与表示自变量和函数值的字母无关。

>>> 例 2 下列各组函数中，表示相同函数的是（   ）。

A. $f(x) = x$ 与 $g(x) = \dfrac{x^2}{x}$

B. $f(x) = |x|$ 与 $g(x) = \sqrt{x^2}$

C. $f(x) = \sqrt{x^2 - 1}$ 与 $g(x) = \sqrt{x-1} \cdot \sqrt{x+1}$

D. $f(x) = x^0$ 与 $g(x) = 1$

问题 8 如果两个函数的定义域与值域都一样能不能断定两个函数

为同一函数？如果函数的定义域一样并且在定义域内每一点处的函数值相等，能否判断它们是同一个函数？

归纳小结

1. 函数与实际问题之间的关系；2. 函数的本质；3. 函数三要素；4. 函数的相等与函数的表达形式之间的关系。

◀ **案例 4** **函数的表示法**

教学目的：

(1) 明确函数的三种表示方法；

(2) 在实际情境中，会根据不同的需要选择恰当的方法表示函数；

(3) 通过具体实例，了解分段函数，并能应用；

(4) 纠正函数一定有解析表示式的片面认识。

教学重点： 函数的三种表示方法，分段函数。

教学难点： 根据不同的需要如何选择恰当的方法表示函数。

教学过程：

一、问题引入

1. 复习：函数的概念。

2. 常用的函数表示法及各自的优点

(1) 解析法；

(2) 图像法；

(2) 列表法。

二、新课教学

问题 1 假设笔记本的单价是 5 元，计划买不超过 6 本的笔记本。如果用 x 表示需要购买的笔记本的本数，y（单位：元）表示购买笔记本需要的资金，你能用多少种方法表示 y 与 x 之间的函数关系 $y = f(x)$？

解 1. 解析法：$y = 5x, x \in \{1, 2, 3, 4, 5\}$。

2. 图像法：略。

3. 列表法：见表 5.2。

表 5.2

笔记本数/本	1	2	3	4	5
金额/元	5	10	15	20	25

问题2 函数图像既可以是连续的曲线,也可以是直线、折线、离散的点,等等,那么判断一个图像是不是函数图像的依据是什么?(深化对函数概念的理解)

问题3 比较函数的三种表示方法,它们各自的优点是什么?

解析法的优点是全面、简明地表示了变量间的关系,可以求出任意自变量所对应的函数值;

列表法的优点是不必计算就可以看出当自变量取某些值时所对应的函数值;

图像法的优点是直观形象。

问题4 所有的函数都有三种表示方法吗? 举例说明。

注意:"$y=f(x)$"有三种含义,它可以是解析表达式,可以是图像,也可以是对应值表。

>>> **例1** 表5.3是某校高一(1)班三位同学在高一学年度几次数学测试的成绩及班级平均分表。

表 5.3

	第一次	第二次	第三次	第四次	第五次	第六次
张三	98	87	91	92	88	95
李四	90	76	88	75	86	80
王二	68	65	73	72	75	82
班平均分	88.2	78.3	85.4	80.3	75.7	82.6

试对这三位同学在高一学年度的数学学习情况做一个分析。

分析:本例应引导学生分析题目要求,做学情分析,具体要分析什么? 怎么分析? 借助什么工具?

注意:

1. 本例为了研究学生的学习情况,将离散的点用虚线连接,这样更便于研究成绩的变化特点;

2. 本例能否用解析法？为什么？

>>> **例 2** 画出函数 $y = |x|$ 的图像。

问题 5 根据绝对值定义可以把函数 $y = |x|$ 的解析式表示为其他形式吗？

>>> **例 3** 某市郊空调公共汽车的票价按下列规则制定：

(1) 乘坐汽车 5km(包括 5km)以内,票价 2 元；

(2) 5km 以上,每增加 5km,票价增加 1 元(不足 5km 按 5km 计算)。

已知两个相邻的公共汽车站间相距约为 1km,如果沿途(包括起点站和终点站)设 20 个汽车站,请根据题意,写出票价与里程之间的函数解析式,并画出函数的图像。

解 设票价为 y 元,里程为 x km,根据题意,如果某空调汽车运行路线中设 20 个汽车站(包括起点站和终点站),那么汽车行驶的里程约为 19km,所以自变量 x 的取值范围是 $\{x \in \mathbb{N}^* \mid x \leqslant 19\}$。

由空调汽车票价制定的规定,可得到以下函数解析式：

$$y = \begin{cases} 2, & 0 < x \leqslant 5, \\ 3, & 5 < x \leqslant 10, \\ 4, & 10 < x \leqslant 15, \\ 5, & 15 < x \leqslant 19, \end{cases} \quad x \in \mathbb{N}^*。$$

根据这个函数解析式,可画出函数图像,如图 5.4 所示：

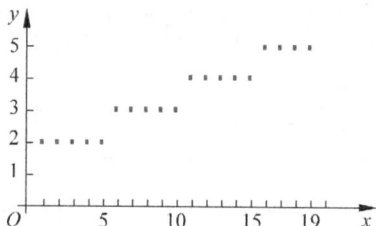

图 5.4

问题 6 能否利用列表法表示路程与价格之间的关系？

问题 7 例 2 与例 3 的解析表达式有什么共同点？

定义 如果一个函数在其定义域内不同的部分具有不同的解析式,则称这样的函数为分段函数。

归纳小结

理解函数的三种表示方法,实际问题中视具体情况选用合适的函数表示法,清楚分段函数的表示方法及其图像的画法。

◀ **案例 5** 函数的单调性

教学目的:

(1) 通过生活中的实际案例以及已学过的函数,理解函数的单调性及其几何意义;

(2) 学会运用函数图像研究函数的性质;

(3) 能够熟练应用定义判断数在某区间上的单调性。

教学重点:函数的单调性及其几何意义。

教学难点:利用函数的单调性定义判断、证明函数的单调性。

教学过程:

一、问题引入

问题 1 你能不能根据经验描述一下商品的供给曲线与需求曲线应该是什么样子? 它具有什么特征? 说明了什么?

>>> **例 1** 以图 5.5 中的图为底稿,在(a)~(d)上分别画出问 1~4 中函数的图像,观察规律:从左到右自变量在增大,如何观察函数值的变化?

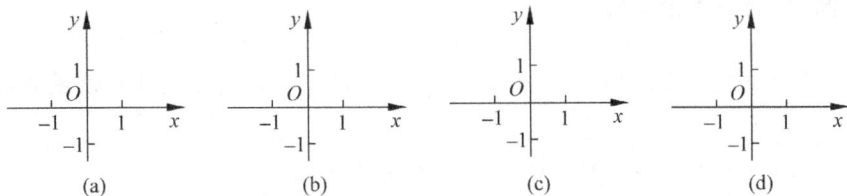

图 5.5

1. 函数 $f(x) = x$ 的图像从左至右是上升还是下降_____? 在区间_____上,随着 x 的增大,$f(x)$ 的值随之_____。

2. 函数 $f(x) = -2x+1$ 的图像从左至右是上升还是下降_____? 在区间_____上,随着 x 的增大,$f(x)$ 的值随之_____。

3. 函数 $f(x) = x^2$ 的图像上升或下降与前面两个函数情形类似吗?

在区间 _____ 上，$f(x)$ 的值随着 x 的增大而 _____ 。在区间 _____ 上，$f(x)$ 的值随着 x 的增大而 _____ 。

4. 函数 $f(x)=\dfrac{1}{x}$ 在区间 _____ 上，$f(x)$ 的值随着 x 的增大而 _____ 。在区间 _____ 上，$f(x)$ 的值随着 x 的增大而 _____ 。

二、新课教学

问题 2　如何用数学语言描述问题 1 中的供给曲线与需求曲线？

问题 3　如何用数学语言描述 $f(x)=x^2$ 中函数值随着自变量变化的情况？能否推而广之？

定义　设函数 $y=f(x)$ 的定义域为 I，D 是定义域 I 内的区间，如果对任意 $x_1,x_2 \in D$，当 $x_1 < x_2$ 时，都有 $f(x_1) < f(x_2)$（$f(x_1) > f(x_2)$），则称 $f(x)$ 是 D 上的增函数（减函数）。

>>> **例 2**　判断正误。

(1) 已知 $f(x)=\dfrac{1}{x}$，因为 $f(-1) < f(2)$，所以函数 $f(x)$ 是增函数。

(2) 若函数 $f(x)$ 满足 $f(2) < f(3)$，则函数 $f(x)$ 在区间 $[2,3]$ 上为增函数。

(3) 若函数 $f(x)$ 在区间 $(1,2]$ 和 $(2,3)$ 上均为增函数，则函数 $f(x)$ 在区间 $(1,3)$ 上为增函数。

(4) 因为函数 $f(x)=\dfrac{1}{x}$ 在区间 $(-\infty,0)$ 和 $(0,+\infty)$ 上都是减函数，所以 $f(x)=\dfrac{1}{x}$ 在 $(-\infty,0) \cup (0,+\infty)$ 上是减函数。

问题 4　定义 1 中函数的增减性与函数的定义域是什么关系？函数的增减性是局部性质还是整体性质？如何判断一个函数在特定范围内的增减性？

(1) 函数的单调性是在定义域内的某个区间上的性质，是函数的局部性质；

(2) 不等式 $f(x_1) < f(x_2)$ 对于区间 D 内满足 $x_1 < x_2$ 的任意两点 x_1，x_2 都成立。

>>> **例 3** 证明函数 $f(x)=\sqrt{x}$ 在 $[0,+\infty)$ 上为增函数。

证明 根据单调性定义,设 x_1,x_2 是 $[0,+\infty)$ 上的两个任意实数,且 $x_1<x_2$,则

$$f(x_1)-f(x_2)=\sqrt{x_1}-\sqrt{x_2}=\frac{x_1-x_2}{\sqrt{x_1}+\sqrt{x_2}}.$$

因为 $x_1<x_2$,所以 $x_1-x_2<0$。又 $\sqrt{x_1}+\sqrt{x_2}>0$,所以 $\frac{x_1-x_2}{\sqrt{x_1}+\sqrt{x_2}}<0$,故 $f(x_1)<f(x_2)$,即 $f(x)=\sqrt{x}$ 在 $[0,+\infty)$ 上为增函数。

练习 证明函数 $y=x+\frac{1}{x}$ 在 $(1,+\infty)$ 上为增函数。

问题 5 如果函数 $f(x)$ 在区间 (a,b) 上对任意的 $x_1,x_2\in(a,b)$,且 $x_1\neq x_2$ 有 $\frac{f(x_2)-f(x_1)}{x_2-x_1}>0$,可以判断 $f(x)$ 的单调性吗?

问题 6 若函数 $f(x)$ 没有具体解析式可不可以判断其单调性?

>>> **例 4** 设 $f(x)$ 是定义在 $\mathbb{R}$ 上的函数,对任意的 $x,y\in\mathbb{R}$ 都有 $f(x+y)=f(x)+f(y)$,且若 $x>0$,则 $f(x)>0$,试判断其单调性。

解:根据单调性定义,设 x_1,x_2 是 $[0,+\infty]$ 上的两个任意实数,且 $x_1<x_2$,则 $x_1+y=x_2,y>0$。由已知 $f(x+y)=f(x)+f(y)$ 得

$$f(x_2)-f(x_1)=f(x_1+y)-f(x_1)=f(y)>0,$$

所以 $f(x_1)<f(x_2)$,即 $f(x)$ 在 $\mathbb{R}$ 上为增函数。

归纳小结

求函数的单调区间时需要注意函数的定义域,单调性的证明或求单调区间一般分四步:

任意取值→作差变形→确定符号→判断单调

◀ **案例 6** 函数的最大(小)值

教学目的:

(1)理解函数的最大(小)值及其几何意义;

(2)学会运用函数图像理解和研究函数的性质。

教学重点:函数的最大(小)值及其几何意义。

教学难点：利用函数的单调性求函数的最大（小）值。

教学过程：

一、问题引入

问题 1 截面是直径为 25cm 的圆形木头锯成矩形木料，怎样锯才能使得截面面积最大？

二、新课教学

定义 设函数 $y = f(x)$ 的定义域为 I，如果存在实数 M 满足：

(1) 对于任意的 $x \in I$，都有 $f(x) \leqslant M$；

(2) 存在 $x_0 \in I$，使得 $f(x_0) = M$。

则称 M 是函数 $y = f(x)$ 的最大值（maximum value）。

如果把定义 1(1) 中的不等式 $f(x) \leqslant M$ 改成 $f(x) \geqslant M$，则称 M 是函数 $y = f(x)$ 的最小值（minimum value）。

>>> 例 1 设函数 $f(x) = \dfrac{1}{x}$，$x \in (0,1)$，该函数在 $(0,1)$ 上有没有最小值？有没有最大值？为什么？

问题 2 在求函数的最大值或最小值时需注意什么？例 1 带给我们什么启发？

>>> 例 2 已知函数 $f(x) = \dfrac{x+1}{x-1}$（$x \in [2,6]$），求函数的最大值和最小值。

解 设 x_1，x_2 是 $[2,6]$ 上的两个任意实数，且 $x_1 < x_2$，则

$$f(x_1) - f(x_2) = \frac{x_1+1}{x_1-1} - \frac{x_2+1}{x_2-1}$$

$$= 1 + \frac{2}{x_1-1} - \left(1 + \frac{2}{x_2-1}\right)$$

$$= \frac{2}{x_1-1} - \frac{2}{x_2-1}$$

$$= \frac{2(x_2-x_1)}{(x_1-1)(x_2-1)}.$$

由 $2 \leqslant x_1 < x_2 \leqslant 6$ 得 $x_2 - x_1 > 0$，$(x_1-1)(x_2-1) > 0$，于是 $f(x_1) > f(x_2)$，即 $f(x) = \dfrac{x+1}{x-1}$ 在 $[2,6]$ 上为减函数。

故当 $x=2$ 时，$f(x)$ 取得最大值为 3，$x=6$ 时，$f(x)$ 取得最小值为 $\dfrac{7}{5}$。

注意 （1）根据定义，函数的最大（小）值 M 必是某一个函数值，即存在 $x_0 \in I$，使得 $f(x_0)=M$；

（2）函数最大（小）值应该是所有函数值中最大（小）的，即对于任意的 $x \in I$，都有 $f(x) \leqslant M (f(x) \geqslant M)$。

>>> 例 3 已知 $f(x)=x^2-4x+6$。

（1）$x \in (-\infty,+\infty)$，$f(x)$ 的最大值是 _____ ，最小值是 _____ 。

（2）$x \in [-1,1]$，$f(x)$ 的最大值是 _____ ，最小值是 _____ 。

（3）$x \in [-1,3]$，$f(x)$ 的最大值是 _____ ，最小值是 _____ 。

（4）$x \in [1,3]$，$f(x)$ 的最大值是 _____ ，最小值是 _____ 。

问题 3 对于非单调函数 $y=f(x)$，如何求它的最大值与最小值？

定理 （1）如果函数 $y=f(x)$ 定义在区间 $[a,b]$ 上，$c \in (a,b)$，且 $y=f(x)$ 在区间 $[a,c]$ 上单调递增，在区间 $[c,b]$ 上单调递减，则函数 $y=f(x)$ 在 $x=c$ 处有最大值 $f(c)$；

（2）如果函数 $y=f(x)$ 定义在区间 $[a,b]$ 上，$c \in (a,b)$，且 $y=f(x)$ 在区间 $[a,c]$ 上单调递减，在区间 $[c,b]$ 上单调递增，则函数 $y=f(x)$ 在 $x=c$ 处有最小值 $f(c)$。

问题 4 如果函数 $y=f(x)$ 的定义域是闭区间 $[a,b]$，那么 $y=f(x)$ 在 $[a,b]$ 上一定有最大值与最小值吗？

归纳：

求函数的最大值或最小值通常有两种方法，(1)对于二次函数可以利用配方法或抛物线方法求最大值或最小值，(2)对于一般函数则可以利用单调性来判断最大值或最小值（即定理 1）。有时借助函数的图像可以帮助我们做出初步判断，然后进行证明。

案例7 函数的奇偶性

教学目的：

1. 从形与数两个方面进行引导，使学生理解函数奇偶性的概念。

2. 通过函数奇偶性概念的形成过程，培养学生观察、归纳、抽象的能力，渗透数形结合的数学思想方法。

3. 培养学生从特殊到一般的概括能力。

教学重点：函数奇偶性概念。

教学难点：函数奇偶性的判定。

教学过程：

一、问题引入

问题 1　对称性是物体美的特征之一，生活中镜子成像中物体与影像的关系，风车的扇叶之间的关系。

问题 2　能列举几个具有对称性的函数吗？

>>> **例 1**　以 $f(x)=x, g(x)=x^2+a$ 为例，结合图 5.6 观察其对称性。

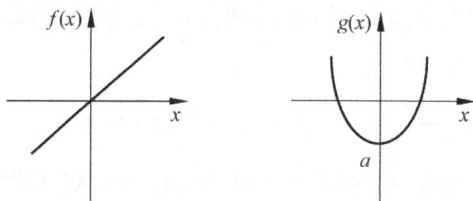

图　5.6

归纳：

1. 定义域关于原点对称。

2. 图像关于 y 轴对称。

二、新课教学

问题 3　你能归纳出几种函数的对称性？如何用数学方法严格定义这种对称性？

定义 1　设 $y=f(x)$ 的定义域 I 关于原点对称，如果对任意 $x \in I$，有 $f(-x)=f(x)$，则称 $y=f(x)$ 是 I 上的偶函数。

定义 2　设 $y=f(x)$ 的定义域 I 关于原点对称,如果对任意 $x\in I$,有 $f(-x)=-f(x)$,则称 $y=f(x)$ 是 I 上的奇函数。

问题 4　如何判断一个函数是否为奇函数或偶函数?

>>> **例 2**　判断下列函数的奇偶性:

(1) $f(x)=(x-1)\sqrt{\dfrac{1+x}{1-x}}$; (2) $f(x)=\sqrt{1-x^2}+\sqrt{x^2-1}$;

(3) $f(x)=\ln\dfrac{x+1}{x-1}$ 。

归纳判断方法:

1. 判断函数的定义域关于原点是否对称;

2. 验证 $f(x)$ 与 $f(-x)$ 之间的关系,如果对定义域中任意的点 x,都有 $f(-x)=f(x)$,则为偶函数,如果对定义域中任意的点 x,都有 $f(-x)=-f(x)$,则为奇函数。

问题 5　如果函数 $y=f(x)$ 和 $y=g(x)$ 具有奇偶性,$f(x)+g(x)$ 与 $f(x)-g(x)$ 是否具有奇偶性?请举例说明你的结论,$f(x)g(x)$ 呢?

◀ **案例 8**　对数(第一次课)

教学目的:

1. 通过对数产生的历史,引入对数的定义,了解对数产生的意义。

2. 掌握指数对数形式互化。

3. 引导学生探索对数运算的方法,培养学生类比、分析、归纳、等价转化能力。

教学重点:指数对数互化及对数运算公式探索。

教学难点:对数运算公式的探索。

教学过程:

一、问题引入

问题 1　没有计算器或计算机怎么简化计算：$123456789\times 987654321=?$

16 世纪中叶,由于航海和天文的发展引起的大数计算日益激增,比如九位数乘九位数需要先做 81 次乘法运算,于是人们就提出能不能把乘除法运算转换为加减运算？数学家纳皮尔(Napier)花了 20 年的时间做出一个对数表基本解决了这个问题,并由布里格斯(Briggs)改良,最终形成了一个新的运算规则,大大地简化了大规模乘除法运算。

这个规则就是定义一个新运算,在合理化的情况下使乘除运算变为加减运算成为可能。今天我们就来一起开始体验这个新规则的制定。

点评 这里概念引入与一般做法不一样,从问题开始,带出对数产生的背景,引发学生探索的兴趣,实际教学过程中不妨先从一些特殊的大数乘法计算开始,例如 10 的 n 次方与 10 的 m 次方相乘等于多少？可取不同的 n 与 m 进行检验,再以一般正数 a 的 n 次方乘以 a 的 m 次方是多少为例寻找简便的计算方法,进而过渡到如问题 1 中的更一般情形。很多老师进行对数概念教学时往往喜欢从现实中的例子出发,逐步引入概念,忽略了概念产生的科学背景,只是传授对数的相关知识,而学生根本不知道为什么要学习对数(学生认为对数就是按一下计算器就可以解决的),学习对数有什么用。所以教师设置问题情境,要从学生的认知角度考虑,什么样的问题才能最大程度地激发学生的探索兴趣。

问题 2 完成下列问题:

(1) 若 $3^5 = M$,则 $M = ?$ 243

(2) 若 $3^{-3} = N$,则 $N = ?$ $\dfrac{1}{27}$

(3) 若 $3^x = 243$,则 $x = ?$ 5

(4) 若 $3^x = 81$,则 $x = ?$ 4

(5) 若 $4^x = 15$,则 $x = ?$

现有工具无法求出 x,则用符号 $\log_4 15$ 表示。以此类推,$3^x = 243$, $3^x = 81$ 中的 x 用这种方式表示是怎样的？

问题 3 抽象为一般情况,若 $a^x = N$,则 $x = ?$ ($x = \log_a N$)

在此给出对数的定义:

一般地,如果 $a^x = N(a > 0$,且 $a \neq 1)$,那么数 x 叫做以 a 为底 N 的对数,记做 $x = \log_a N$,其中 a 叫做对数的底数,N 叫做真数。

练习 式子 $1.01^x = \dfrac{18}{13}$，$4^x = 81$ 中的 x 怎么表示？

二、新课教学

根据对数的定义，可以得到指数与对数的关系：

$$a^b = N \Leftrightarrow \log_a N = b$$

底数 指数 幂 底数 真数 对数

幂底数 ← a → 对数底数

指数 ← b → 对数

幂 ← N → 真数

>>> **例 1** 将下列指数式化为对数式，对数式化为指数式：

(1) $5^4 = 625$；(2) $2^{-6} = \dfrac{1}{64}$；(3) $\left(\dfrac{1}{3}\right)^m = 5.73$；(4) $\log_{\frac{1}{2}} 16 = -4$；

(5) $5^4 = 625$；(6) $\lg 0.01 = -2$。

>>> **例 2** 求下列各个式子中的 x 的值：

(1) $\log_{64} x = -\dfrac{2}{3}$；(2) $\log_x 8 = 6$；(3) $\lg 100 = x$；(4) $-\ln e^2 = x$。

既然纳皮尔就是引进这个对数来简化计算的，那我们来看看古人是怎么处理的。显然，我们首先需要在合理性的前提下制定一些规则。

我们发现对数是用来表示一个指数幂中的指数，而指数运算有 $a^m \cdot a^n = a^{m+n}$，不妨设 $a^m = M, a^n = N$，则有 $MN = a^{m+n}$。

又由对数定义，上面三式可分别化为：$\log_a M = m$，$\log_a N = n$，$\log_a (MN) = m+n$，所以 $\log_a(MN) = \log_a M + \log_a N$。

点评 虽然在历史上对数的出现比指数早，但是课本上的顺序却是指数概念先出现，所以在这里的推导也可以利用指数的学习基础进行。概念教学不可以完全被历史左右，也要参考教材上知识呈现的顺序选择更适合学生认知心理的教学方式。

问题 4 有了这个运算法则，那 $123456789 \times 987654321 = ?$

我们可以先对乘积取对数得：

$\log_{10}(123456789 \times 987654321) = \log_{10}123456789 + \log_{10}987654321$。

因为纳皮尔已经给出了一个对数表,故可以通过查表得:

$\log_{10}123456789 = 8.91514977$,　$\log_{10}987654321 = 8.99464968$,

于是得到 $\log_{10}(123456789 \times 987654321) = 17.90975474$。

再查一次反对数表得到 $123456789 \times 987654321 = 1.219326311 \times 10^{17}$。

多么神奇的体验!在没有现代化计算工具的 17 世纪,物理学家拉普拉斯(Laplace)说,"对数延长了天文学家的寿命!"在 17 世纪,对数与解析几何、微积分的创立是数学史上的里程碑!

布里格斯对纳皮尔的成果进行改良,尤其把对数表统一为以 10 为底数的对数表。我们称以 10 为底的对数为常用对数,它有一个专有符号:$\log_{10}M = \lg M$。

问题 5　类似的大规模计算:$\dfrac{M}{N}$,$(M)^n$ 又怎么解决呢?

该问题作为课后思考,在下节课继续。

点评　第三部分没有像通常的教学程序去解决 $\log_a 1 = 0$,$\log_a a = 1$,对数恒等式和自然对数的解释,而是回应一开始提出的问题,并与学生推导出 $\log_a(MN) = \log_a M + \log_a N$,这样的过程符合解决问题的逻辑过程,主干清晰,体现科学思维方法在实际生活中的运用,同时减轻第二次课的负担,但这节课也不适宜一下子把全部公式都推出来,因为学生从正确使用到熟练使用需要较长时间,故留下问题第二次课再回应。

四、小结

1. 对数产生的意义。

2. 指数对数互化的方法。

3. 如何合理化制定计算规则。

案例 9　**方程的根与函数的零点**

教学目的:理解函数(结合二次函数)零点的概念,领会函数零点与相应方程之间的关系,掌握零点存在的判定条件。

教学重点:零点的概念及存在性的判定。

教学难点：零点的确定。

教学过程：

一、问题引入

问题 1 如何判断以下三个一元二次方程的根的情况？

(1) $x^2 - 2x - 3 = 0$；(2) $x^2 - 2x + 1 = 0$；(3) $x^2 - 2x + 3 = 0$。

把以上三个方程的等于 0 去掉，左边看成一个函数，即 $y = ax^2 + bx + c(a \neq 0)$ 的形式，请画出图像.

把结果填入表 5.4：

表 5.4

$y = ax^2 + bx + c(a \neq 0)$	Δ 的符号	$ax^2 + bx + c = 0$ 根的个数	$y = ax^2 + bx + c(a \neq 0)$ 与 x 轴交点的个数
$y = x^2 - 2x - 3$			
$y = x^2 - 2x + 1$			
$y = x^2 - 2x + 3$			

问题 2 上述两个问题带给我们什么启示？能否据此归纳出函数与方程解的一般关系？

定义（函数零点的概念） 对于函数 $y = f(x)(x \in D)$，如果 $x \in D$ 使得 $f(x) = 0$ 成立，则称 x 为函数 $y = f(x)(x \in D)$ 的零点。

二、新课教学

问题 3 如何从几何上解释函数零点的意义？

函数 $y = f(x)$ 的零点就是方程 $f(x) = 0$ 的实数根，亦即函数 $y = f(x)$ 的图像与 x 轴交点的横坐标. 换言之，方程 $f(x) = 0$ 有实数根 $\Leftrightarrow$ 函数 $y = f(x)$ 的图像与 x 轴有交点 $\Leftrightarrow$ 函数 $y = f(x)$ 有零点。

问题 4 函数 $y = f(x)$ 和 $y = g(x)$ 的图像如图 5.7 所示，如果其图像与 x 轴有交点，那么在交点附近函数的值会发生什么变化？能否通过对图像的分析总结出判定函数图像有零点的条件？

得到零点存在定理：如果 $f(x)$ 在 $[a,b]$ 上的图像是连续不断的一条曲线，并且有 $f(a) \cdot f(b) < 0$，那么函数在区间 $[a,b]$ 内有零点，即存在 $c \in (a,b)$，使得 $f(c) = 0$，这个 c 就是方程 $f(x) = 0$ 的根，也即函数 $y = f(x)$ 的零点。

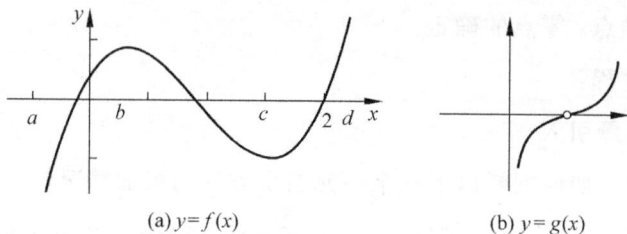

(a) $y=f(x)$　　　　　　　　(b) $y=g(x)$

图　5.7

>>> **例 1**　设函数 $f(x)=\ln x+2x-6$。

(1) 判断函数的单调性;

(2) 判断函数零点及其个数。

解　(1) $f(x)$ 定义域为 $(0,+\infty)$,设任意的 $x_1,x_2\in(0,+\infty)$,且 $x_1<x_2$,则

$$f(x_2)-f(x_1)=(\ln x_2+2x_2-6)-(\ln x_1+2x_1-6)=\ln x_2-\ln x_1+2(x_2-x_1)。$$

由于 $y=\ln x$ 是增函数,所以 $\ln x_2-\ln x_1>0,x_2-x_1>0$,故 $f(x_2)-f(x_1)>0$,从而 $f(x)$ 为增函数。

(2) 由于 $f(\mathrm{e}^{-2})=\ln \mathrm{e}^{-2}+\dfrac{2}{\mathrm{e}^2}-6=\dfrac{2}{\mathrm{e}^2}-8<\dfrac{2}{2^2}-8<0$, $f(\mathrm{e}^6)=\ln \mathrm{e}^6+\dfrac{2}{\mathrm{e}^6}-6=\dfrac{2}{\mathrm{e}^6}>0$,

而 $f(x)$ 为增函数,故 $f(x)$ 有且只有一个零点。

通过此题初步理解函数性质(单调性)与函数零点的关系。

变式 1　函数 $f(x)=\ln x+2x-6$ 的零点一定位于下列哪个区间(　　)?

A. $(1,2)$　　　　B. $(2,3)$　　　　C. $(3,4)$　　　　D. $(5,6)$

变式 2　设函数 $f(x)=2x-6-\ln x$,判断其零点及其个数。

在没有学习导数的情况下,变式 2 中函数的单调性不容易判断,故考虑借助函数图像,但是 $f(x)=2x-6-\ln x$ 的图像并不容易画出来,在没有其他工具的情况下怎么办?

提示: $f(x)=0$ 可化为 $\ln x=2x-6$,则其零点问题可转化为 $y=\ln x$

和 $y＝2x-6$ 图像的交点问题。

$F(x)＝f(x)-g(x)$ 的零点 $\Leftrightarrow y＝f(x)$ 与 $y＝g(x)$ 的交点横坐标。

问题5 将函数的零点与方程的解联系起来有什么好处？

可以把求方程的解的问题转化为求函数图像的交点横坐标，借助函数图像解决。

求函数 $y＝f(x)$ 零点的一般步骤：

(1)（代数法）求方程 $f(x)＝0$ 的实数根；

(2)（几何法）对于不能用求根公式的方程，可以将它与函数 $y＝f(x)$ 的图像联系起来，并利用函数的性质或近似计算找出零点。

>>> 例3 指出下列函数零点的个数：

(1) $f(x)＝-x^3-3x+5$

(2) $f(x)＝3(x+2)(x-3)(x+4)+x$

(3) $f(x)＝e^x-3x+5$

(4) $f(x)＝2x\ln(x-2)-3$

此题可以利用画图软件或图形计算器完成作图，也可以转化为两个函数 $y＝f(x)$ 与 $y＝g(x)$ 的交点。

案例10 用二分法求方程的近似解

教学目的：理解二分法的概念及其适用条件，了解二分法是求方程近似解的常用方法，从中体会函数与方程之间的联系及其在实际问题中的应用，能借助计算器用二分法求方程的近似解。

教学重点：二分法求方程的近似解，体会函数的零点与方程根之间的联系。

教学难点：借助计算工具，利用二分法求给定精确度的方程的近似解。

教学过程：

一、问题引入

问题1 相传有一天，诸葛亮把将士们召集在一起，说："你们中间不论谁，从1～1024中任意选出一个整数，记在心里，我提10个问题，只要求如实回答'是'或'不是'。10 个问题全答完以后,我就会'算'出你心里记的那个数。"你认为诸葛亮是怎样算出来的?

历史上诸葛亮未必真的与将士们做过类似的游戏,但问题 1 蕴含着思考问题的一般方法,即二分法。教师可以视情况做情境的适当替换。例如,城市里很多马路上为什么每隔一段便会出现一个井盖? 它们是干什么用的? 通过这个真实的问题情境也可以引入二分法。

二、新课教学

问题 2 已知函数 $f(x)=\ln x+2x-6$ 在区间 $(2,3)$ 内有零点,且 $f(2)<0,f(3)>0$。如何找出这个零点?

步骤一:取区间 $(2,3)$ 的中点 2.5,用计算器算得 $f(2.5)\approx -0.084<0$。

又由 $f(3)>0,f(2.5)\cdot f(3)<0$,所以零点在区间 $(2.5,3)$ 内。

步骤二:取区间 $(2.5,3)$ 的中点 2.75,用计算器算得 $f(2.75)\approx 0.512>0$,所以零点在区间 $(2.5,2.75)$ 内。

由于 $(2,3)\supset(2.5,3)\supset(2.5,2.75)$,所以零点所在的范围确实越来越小了。如果继续重复上述步骤,零点范围会越来越小,如表 5.5 所示。

表 5.5

区　　间	中点的值	中点函数近似值
$(2,3)$	2.5	-0.084
$(2.5,3)$	2.75	0.512
$(2.5,2.75)$	2.625	0.215
$(2.5,2.625)$	2.5625	0.066
$(2.5,2.5625)$	2.53125	-0.009
$(2.53125,2.5625)$	2.546875	0.029
$(2.53125,2.546875)$	2.5390625	0.010
$(2.53125,2.5390625)$	2.53515625	0.001

我们可以把零点所在区间的任意一点作为函数零点的近似值,特别地,把区间端点作为函数零点的近似值。

举个例子,当精确度为 0.01 时,2.5390625－2.53125＝0.0078125＜0.01,我们可以将 $x=2.53125$ 作为函数 $f(x)=\ln x+2x-6$ 的零点近似值。

定义 对于在区间 $[a,b]$ 上连续不断且满足 $f(a)\cdot f(b)<0$ 的函数 $y=f(x)$,通过不断地把函数 $f(x)$ 的零点所在的区间一分为二,使区间的两个端点逐步逼近零点,进而得到零点近似值的方法叫做**二分法**。

问题 3 对于任意函数 $y=f(x)$,如果它存在零点,是不是都可以用二分法求 $f(x)=0$ 的近似解呢?

通过对这个问题的讨论可以帮助学生理解函数的连续性是二分法求近似解的必要条件。可以参考函数

$$y=f(x)=|x|=\begin{cases}-x, & x<0\\ x, & x\geqslant 0\end{cases},$$

或者函数

$$y=f(x)=\begin{cases}1, & x\neq 0\\ 0, & x=0\end{cases}。$$

两个函数的符号都没有发生变化,但它们都有零点,前一个函数是连续函数,后一个函数在 $x=0$ 处间断。

>>> 例 2 请尝试借助计算器或计算机用二分法求方程 $2^x+3x=7$ 的近似解(精确到 0.1)。

问题 4 函数值的符号发生变化则函数零点必然存在吗?如果不是,请举反例。二分法是否适用于此种情形下的零点计算?这类零点是函数的什么点?

这个例子可以帮助学生进一步理解函数的连续性对于求函数零点的重要性,不妨考虑函数

$$y=H(x)=\begin{cases}-1, & x<0\\ 1, & x\geqslant 0\end{cases}。$$

也有函数值的符号发生变化零点也存在的例子,例如,可以考查如下的例子

$$y = f(x) = \begin{cases} \dfrac{1}{x}, & x \neq 0 \\ 0, & x = 0 \end{cases}.$$

这个函数的符号也发生了变化,但不适合用二分法计算零点,因为这时已知函数在 $x=0$ 处的函数值刚好等于 0,如果将 $x=0$ 处的函数值做修改,例如令 $f(0)=1$,尽管函数在 $x=0$ 的两边都发生了变化,但这个函数却没有零点。二分法的价值恰恰是在未知函数零点的情况下求函数的零点或其近似值。

小结:给定精确度 ε,二分法求函数 $f(x)$ 的零点近似值的步骤可归纳为:

1. 确定区间 $[a,b]$,验证 $f(a) \cdot f(b) < 0$,给定精确度 ε;

2. 求区间 (a,b) 的中点 c。

3. 计算 $f(c)$:

(1) 若 $f(c)=0$,则 c 就是函数的零点;

(2) 若 $f(a) \cdot f(c) < 0$,则令 $b=c$(此时零点 $x_0 \in (a,c)$);

(3) 若 $f(c) \cdot f(b) < 0$,则令 $a=c$(此时零点 $x_0 \in (c,b)$)。

4. 判断是否达到精确度 ε:

即若 $|a-b| < \varepsilon$,则得到零点值 a(或 b);否则重复步骤 2～步骤 4。

其过程可以用图 5.8 表示。

课后思考:如何用二分法求 $y = x^3 - 3x + 1$ 零点的近似值(精确到 0.01)。

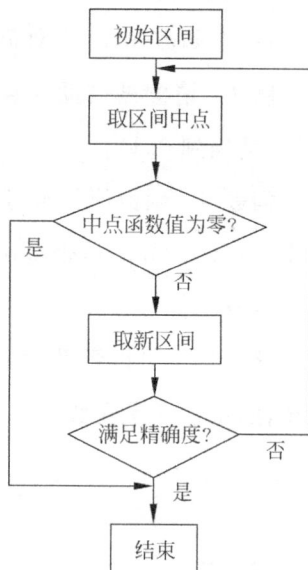

案例 11 **几类不同增长的函数模型**

教学目的:了解直线增长、指数增长、对数增长等不同增长的函数模型意义,理解它们的增长差异性. 能利用函数图像及数据表格,对几种常见增长类型的函数的增长状况进行比较,初步体会它们的增长差异性。收

图 5.8

集一些社会生活中普遍使用的函数模型(指数函数、对数函数、幂函数、分段函数等),了解函数模型的广泛应用。

教学重点:将实际问题转化为函数模型,比较常函数、一次函数、指数函数、对数函数模型的增长差异,通过具体例子体会直线上升、指数爆炸、对数增长等不同函数类型增长的含义。

教学难点:怎样选择数学模型分析解决实际问题。

教学过程:

一、问题引入

问题 1　假设你现在在银行账户中有 100 元,你第一天存入 100 元的 1‰,即 1 元,此时你有 101 元,第二天存入 101 元的 1‰,此时你有 102.1 元……以此类推每天存入现有金额的 1‰,一年之后你会有多少钱?

$100 \times 1.01^{365} = 3780$。

假如每天固定存入 1 元,一年之后会是多少?

$100 + 365 = 465$。

问题 2　这两种增长代表了哪两种金额随时间变化的函数模型? 它们具有什么共同的函数性质?

二、新课教学

>>> **例 1**　假如你有一笔资金用于投资,现有三种投资方案供你选择,这三种方案的回报如下:

方案一:每天回报 40 元;

方案二:第一天回报 10 元,以后每天比前一天多回报 10 元;

方案三:第一天回报 0.4 元,以后每天的回报比前一天翻一番。

请问:你会选择哪种投资方式?

问题 3　这几个方案的数量关系对应的函数模型是什么,并计算一下其增长情况。

问题 4　你能描述一下这几种方案的增长变化吗?

问题 5　根据以上结果,如何对方案做出选择? 影响因素有哪些?

通过例 1 使学生认识到对于不同的函数增长模型,其增长变化存在的巨大差异。

>>> 例 2 某公司为了实现 1000 万元利润的目标,准备制定一个激励销售人员的奖励方案:在销售利润达到 10 万元时,按销售利润进行奖励,且奖金 y(单位:万元)随销售利润 x(单位:万元)的增加而增加,但奖金总数不超过 5 万元,同时奖金不超过利润的 25%。现有三个奖励模型:$y=0.25x$,$y=\log_7 x+1$,$y=1.002^x$。其中哪个模型能符合公司的要求?

问题 6 公司制定的这种奖励方案有没有弊端?如何改进?

10 万元的销售利润基数对于员工个人而言可能是有难度的,所以可以考虑分段设置奖金分配方案,对应的函数模型是分段函数。

问题 7 一次函数 $y=kx+b$,对数函数 $y=\log_a x\,(a>1)$,指数函数 $y=a^x\,(a>1)$ 与幂函数 $y=x^n\,(n>0)$ 都是增函数,但是它们是有差异的,如何分析它们之间的差异?

对数增长率简介:

如果银行年利率是 a,本金是 P,那么 n 年后本利为 $F_n=P(1+a)^n$。

也可以考虑连续复利,即时刻不间断地计算利息,例如如果按天计算利息,则每天的利率为 $a/365$,一年后的本利为 $F_{365}=P(1+a/365)^{365}$,如果将时间进一步细分,例如分成一年 n 个时段,则一年后的本利为 $F_n=P(1+a/n)^n$。所谓时间无限细分即令 n 趋于无穷大,$F_n=P(1+a/n)^n$ 的极限即为连续复利下的本利。可以计算出 n 趋于无穷时 F_n 的极限为 $F=Pe^a$,其中 e 是自然数,a 称为连续复利利率,两边取对数得 $a=\ln(F/P)$,所以 a 也称为对数增长率。如果银行以连续复利计算利息,那么根据一年后的本利 F 便可以计算出复利的利率,也就是说,连续复利利率 a 是本利 F 的对数函数。

第6章　浅谈微积分教学

6.1.1　分析学的起源

按方法论分类,数学可分成罗素的逻辑主义、布劳威尔的直觉主义与希尔伯特的形式主义,按内容分类,数学可以分为三大类:代数、几何、分析。从历史发展的主线看,数学可以分为三个阶段,第一阶段:古典数学,以欧氏几何为代表;第二阶段:近代数学,以微积分为里程碑;第三阶段:现代数学,以集合论为标志。其中古典数学主要倡导形式逻辑,微积分则倡导辩证逻辑,现代数学倡导的则是公理化的形式主义。

不熟悉代数与几何的数学教师即使有也绝对是极少数,但不是所有人都知道什么叫分析。分析学的产生远在代数与几何之后,代数与几何有着数千年的历史,欧几里得几何原本在公元前 300 年就出现了,而分析学只有几百年的历史。代数、几何、分析不是相互孤立的,勾股定理便是几何与代数的完美结合。什么叫分析学? 简单地说,以微积方法为主要研究手段的数学理论就叫分析学,其典型的特征就是无穷小分析。分析学开始于微积分,早期以科学计算为主,所以英文叫“Calculus”。微积分对数学与自然科学的影响是深远的,其思想方法已经渗透到数学、自然科学乃至社会科学的每个角落。近代分析包括“复变函数”“实变函数”“微分方程”“调和分析”等,特别是勒贝格积分的出现给数学带来了又一次深刻的影响。

教师了解一点近现代数学是个好事,无论是古今数学还是不同学科之间在思想或方法上有着相通之处,很多貌似无关的学科其实有着深刻的内在关联,例如,线性代数与解析几何之间就有着密切关系。博弈论的核心概念"均衡点"其实就是泛函分析里的不动点,事实上,它就是用不动点定理来证明的。

6.1.2 极限简论

从目前中学的微积分教学状况看,教师大多是机械地教一些导数概念与求导法则,考试也基本限于通过对三次多项式进行求导从而转换成二次函数的问题,学生乃至部分老师对微积分所蕴含的深刻思想一知半解甚至一无所知。如果教育的结果只是机械地了解导数的概念,学会了简单函数的求导与积分,付出的代价则是压缩了中学传统的教学内容(例如很多重要的三角公式都放弃了),以至于学生进入大学后还要恶补传统的中学内容,那么实在无法理解中学阶段学习微积分的意义是什么。

如前所述,极限是微积分的灵魂,除了严格的数学语言让学生望而生畏,直观的极限概念并非晦涩难懂。对于一些教师来说,可能觉得只要学生会计算一些简单函数的导数与积分就够了,至于数学思想则不必了解那么多。事实上,许多年来这种观点左右了很多老师的教学过程,一些老师在课堂教学中强调的是如何进行手工计算,将注意力集中在如何计算导数与积分,似乎学生掌握了导数计算、积分计算,就算是学好微积分了。

这里所说的数学思想并非指数学理论,两者是有差别的,所谓思想指的是数学的科学思维方法,这种思维方法也许不一定需要通过抽象的数学理论来表达。令人遗憾的是,微积分的思想常常被淹没在一大堆抽象的符号和烦琐的演算之中,学生从教材乃至课堂上看不到微积分思想的光芒,久而久之,微积分教学逐渐演变成了计算技巧与技能的培训。

数学思想对于中学生真的不重要吗?或者说中学生真的掌握不了数学思想吗?历史上自然科学、社会科学各个领域取得杰出成就的成功人士(未必是真正意义上的科学家),其良好的数学修养发挥了十分重要的作用。虽然中学生进入大学后依然会学习微积分,但如果中学阶段的微积分没有让他们领略到微积分思想的魅力,那么这种学习对于他们大学阶段重学微积分不仅没有帮助,反而有害。强化数学素养的提升不一定需要通过加深数学理论来完成,也许事情恰恰相反,学生会因为理论的深奥难懂望而却步。那么如何在不增加理论深度的情况下培养学生的数学素养呢?重要的在于如何让学生感受到数学的"直观"而不是"抽象"!数学的"现实"而不是"空中楼阁"!尽管数学是严格而抽象的,但直观与现实并不意味着放弃抽象,也不意味着放弃严格,而在于"度"的把握与表达的方式。

中学阶段既然学习微积分,就不能少了极限概念,否则,微积分的学习就是残缺不全的。"极限"之抽象并不在极限本身,而是极限的表达方式——"δ-ϵ 语言。"教材中试图通过一些数值检验带给学生直观体验,然而,过度的数值检验不仅浪费了时间,也掩盖了概念中蕴含的深刻思想。极限概念本身并不难理解,它与我们的生活也比较贴近,为什么不把重心暂且放在极限思想的表述上呢?我们可以在学生充分理解了极限思想之后再从误差估计的角度作进一步的阐述,例如,要保证球的体积不超过一定的误差限,球的半径误差限不能超过多少?这样可以让学生对严格的极限语言有个初步的感受,但对于中学生不适合介绍 δ-ϵ 语言。柯西平息关于极限的争论也不是因为避开了极限,而是赋予了极限(或无穷小量)严格的数学定义。极限作为描述变量变化趋势的重要概念对于运动中的世界显然是无法避免的,问题在于我们需要深入到什么程度。

即使是大学的微积分教学,极限也是个难点,难在那令人莫测高深的定量化的极限语言,很多数学专业的学生在学完了微积分之后也不知 δ-ϵ 语言到底为何物。非数学专业所用的"高等数学"教材中一般对此要求不高,只要学生能依样画葫芦地用 δ-ϵ 语言做简单的证明即可,只是苦了数学专业的孩子,常常为此绞尽脑汁也摸不着门道。极限思想本身并不难掌握,而且现实中也经常使用"极限"之类的语言,比如"挑战智力极限"、"发挥得淋漓尽致(或发挥到极致)"、"累死了",等等,相信没有人会对这些日常用语不理解。然而一旦数学化就让人有点雾里看花了,似乎数学家们在故弄玄虚,把一个本来很好理解的东西变得扑朔迷离。也难怪,当初牛顿对极限的理解也有点似是而非,以至于英国大主教贝克莱攻击他的文章中出现的无穷小量为不死的幽灵。要真正透彻地理解并熟练地运用极限的确需要个过程,不过为了帮助学生较好地掌握并处理极限问题,我们还是可以考虑在教学上做点改进。历史上极限问题是伴随着实际问题产生的,换句话说,谈极限不可能离开导数或积分的思想,我们在教学中引入极限概念时也不可能摆脱这些背景。说到底,所谓极限就是当自变量发生变化时,因变量(函数)会如何变化? 例如,马路上行驶的汽车其速度通常是不断变化的,那么如何计算汽车在某个时刻的速度? 又如,物体从空中落下,将会以加速度向下坠落,如何求出任一时刻落体的速度? 在阐述这类问题时,我们自然会涉及处理这些问题时常用的方法:局部地以"常量"代替"变量",或者说以"不变"代替"变"、以"简单"代替"复杂"。这也为后面定义导数与积分埋下了伏笔。接着可以简单地阐述一下如何运用这一思想求物体运动的瞬时速度。如计算圆的面积时便采用圆的内接正多边形的面积(简单)作为圆的面积(复杂)的近似,当边数越来越多时,多边形的面积就越来越接近圆的面积了。在此基础上给出极限的直观定义:

定义　设 $f(x)$ 在 a 点的附近有定义(在 a 点可以没有定义),即在 a 点的某个去心邻域内有定义,如果当 x 越来越接近 a 点时 $f(x)$ 越来越接近于某一个常数 A,则称 $f(x)$ 当 x 趋近于 a 时的极限为 A,记作 $\lim\limits_{x \to a} f(x) = A$。

学生对这个定义没有任何理解上的困难,还可以通过一些例子阐述极限概念。这个定义可以称为极限的定性描述或直观描述,由这个定义的确可以判断一些函数的极限是否存在,等于多少。然而在大多数情况下,并没有这么幸运,有时,凭直觉不仅难以估计极限是多少,甚至不能判断极限是否存在,这就需要寻找一种比较科学的判断方法。问题的难点恰恰在这个地方,什么是科学的判断方法? 中学教材在引入变化率的时候直观介绍了本质上属于 δ-ε 语言的数值化方法。这不是个好办法,如果不需要介绍严格的数学语言,无论是极限还是变化率,都无须烦琐的数值计算来解释这些概念,否则既耗费了时间也难以阐述清楚概念的本质。

6.1.3 芝诺悖论、二进制与区间套

芝诺(Zeno)是古希腊的数学家,在芝诺时代,人们信奉的是形式逻辑,也许完全不知道形式逻辑之外尚有辩证逻辑,解释不清芝诺悖论也就不奇怪了。但无论如何,芝诺悖论只是个普通的经典运动问题。

芝诺是古希腊数学家门巴尼德的学生,他为了支持导师关于"存在"不动的学说,提出了一系列有趣的悖论,其中最著名的是"阿基里斯追不上乌龟"与"飞矢不动",后人提到的芝诺悖论通常指前者。

芝诺悖论是说:"阿基里斯是古希腊神话中善跑的英雄。他和乌龟的竞赛中,速度为乌龟的 10 倍,乌龟在前面 100m 跑,他在后面追,但他不可能追上乌龟。因为在竞赛中,追赶者首先必须到达被追者的出发点,当阿基里斯追到 100 米时,乌龟已经又向前爬了 10m,于是,一个新的起点产生了;阿基里斯必须继续追,而当他追到乌龟爬的这 10m 时,乌龟又已经向前爬了 1m,阿基里斯只能再追向那个 1m。就这样,乌龟会制造出无穷个起点,它总能在起点与自己之间制造出一个距离,不管这个距离有多小,但只要乌龟不停地奋力向前爬,阿基里斯就永远也追不上乌龟!"

但芝诺悖论中涉及的时间是有限的,也就是说,按照乌龟与阿基里斯的速度计算,在几秒钟的时间内,阿基里斯就可以追上乌龟。我们先不忙按照芝诺的方法来划分路径,按照通常的计时方法,可以算出阿基里斯追上乌龟所花的时间,不妨记为 a 秒。在 0 秒到 a 秒之间的每个时刻,阿基里斯都处于一个特定的位置,芝诺将路径按照每次取半的方法进行分割相当于将时间进行了无限次的分割。问题的关键在于时间能不能到达 a 秒时刻? 如果能到达,阿基里斯自然可以追上乌龟,而不管你如何分割时间或分割路径。换句话说,在任何小于 a 的时刻,阿基里斯都在乌龟后面,当时间达到 a 秒时,阿基里斯刚好可以追上乌龟。问题的根源在于芝诺采用了"自创"的时间尺度,对于任何有限次的分割,芝诺的时间尺度都是可以测量的,但当分割无穷多次之后,芝诺的尺度就失灵了,而正常的时间尺度

还是可以测量的。

芝诺悖论涉及的是无穷小概念，无穷小有两种情况，一种是如果变化过程（例如时间）是无限的，这时在过程任何有限的尺度内都不可能达到极限状态，另一种是如果变化过程是有限的，则在有限的尺度内，可能达到极限状态，关键看这种变化是否具有连续性。如果我们承认阿基里斯与乌龟的奔跑是时间的连续函数，那么在有限的时间内阿基里斯可以达到极限状态（追上乌龟）。

我国古代也有类似的问题，《庄子·天下篇》曰："一尺之棰，日取其半，万世不竭。"庄子的话充分说明我们的先祖早就有着深刻的极限思想。我们可以用二进制来表示庄子这句话，一尺之棰可以抽象为单位长度，例如可以看成单位区间 $[0,1]$，日取其半，即每天切下来一半，也就是说，第一天将 $[0,1]$ 区间二等分，取其中之一，不妨取 $[1/2,1]$。第二天再将 $[1/2,1]$ 二等分，取其一半，还是取右边那个，即 $[1/2+1/2^2,1]$。依次类推，第 n 天留下了 $[1/2+\cdots+1/2^2+\cdots+1/2^n,1]$。所谓万世不竭，也只是有限天，就算一世一百年，一万世是一百万年，一年三百六十五天，可以算出，一万世之后尚留下了长度为 $1/2^{365000000}$ 的区间 $[1/2+\cdots+1/2^2+\cdots+1/2^{365000000},1]$。如果用十进制小数来表示这个区间的左端点，手工几乎是不可能的，但如果用二进制来计算就很简单了，$1/2+\cdots+1/2^2+\cdots+1/2^{365000000}=0.11\cdots1$（小数点后共有 365000000 位 1）。如果我们学习愚公移山的精神，将这根木棍当成传家宝，子子孙孙无穷尽地砍下去，最终得到了一个无穷小数 $0.111111111\cdots$，这个小数是什么？在微积分理论产生之前，这个数如同幽灵般飘忽不定。芝诺与他的老师门巴尼德甚至拿这些数来相互嘲笑：1 大于 $0.999\cdots$ 还是小于 $0.999\cdots$？

在这个分割的过程中，我们得到了一个区间套 $\{[1/2+\cdots+1/2^n,1]\}$，由区间套定理，这些区间有唯一的交点 1，换句话说，区间的左端点 $1/2+\cdots+1/2^n$ 以 1 为极限，对于熟悉微积分的人当然知道级数 $\sum\limits_{n=1}^{\infty}1/2^n=1$。

芝诺悖论的产生说明在古希腊时期就有极限思想的萌芽，只是人们说不清楚,一个无限小数是什么意思? 在那时是无法理解的。即使在今天,如果仅仅知道一些概念,而并不理解极限思想的本质,一样无法理解为什么阿基里斯能够追上乌龟。当然,物理学家可以从物理学层面上理解芝诺悖论,哲学家可以从哲学层面上理解芝诺悖论,数学家理解芝诺悖论当然离不开极限。事实上,芝诺悖论的出现实际上是对极限的认识与理解问题,也就是说这是个数学问题,说它是个数学游戏并不为过。

古希腊数学家解释不了芝诺悖论不奇怪,但今天的微积思想是完全可以解释清楚的。直觉与经验告诉我们,时空是连续的,当然物理学家可以说时空不连续,这是个认识论问题,就好比你可以不承认欧氏几何的公设,或者说空间不是平直的,完全可以另起炉灶建立起一套"另类"的几何。

芝诺悖论暗含着深刻的逻辑问题,即形式逻辑与辩证逻辑的冲突,我们不妨来分析一下芝诺悖论中的逻辑问题。按照人们的经验,阿基里斯在通常的时间尺度下可以在有限的时间内追上乌龟,但芝诺将阿基里斯的运动路线进行了分割,这里不妨简化并抽象化一下芝诺的分割方法。假设一个人在一秒钟内可以从 1 走到 0,现在将区间 $[0,1]$ 用 $\{1/n\}$ 来分割,这个人从 1 走到 0 之前必先走到 $1/2$,从 $1/2$ 走到 0 之前,一定要经过 $1/3$,以此类推,无限次走下去,这个人始终走不到 0 点。从逻辑上讲,这里偷换了概念或时间尺度,把有限的时间 1 秒换成了无限的分割 $\{1/n\}$。诚然,这里涉及时间的无限可分性,不是数学家可以解决的问题,但从数学上看,区间 $[0,1]$ 是可以无限分割的,要让这个人走到 0,就必须让他经过所有的 $1/n$,也就是说,需要让 $n\to\infty$,于是将出现 $1/\infty$,这在形式逻辑中是不允许的。这正是为什么形式逻辑解释不了芝诺悖论的原因。

如果你不承认微积分,自当用别的方法去寻求解释,然而,芝诺悖论本就是微积分思想的产物,该用什么理论来解释这个悖论似乎不是个问题。

6.1.4 二分法、聚点原理与有限覆盖原理

中学教材要求学生会运用二分法求方程近似解,但相对于教师来说,

这样的要求显然低了一点。二分法是区间套原理的特殊情形,微积分中有几个相互等价的命题:区间套原理、聚点原理与有限覆盖定理,这是对现代数学影响非常深远的定理,几乎在每一个数学分支里都能看到它们的身影。闭区间上连续函数的性质之所以成立完全有赖于这几个定理。那么闭区间套定理、聚点原理及有限覆盖原理的本质是什么?它们为什么具有如此大的威力?

这几个原理的确有点抽象,但抽象数学的背后蕴藏着深刻的思想方法,如果我们仅仅把她们当成数学知识学习,的确可能在今后的一生中都不会实际用到,如果一个人不做数学,他可能永远也不会用到区间套定理或有限覆盖定理之类的东西,但这些理论所反映的思想能不能被掌握也许决定了一个人的创造能力。以区间套定理为例,生活中其实随处可见,当我们走到大马路上的时候,会发现每隔一段距离就会有一个井盖,这些井盖是干什么用的?一旦照明、上下水等发生了故障,我们如何检查?是挨个把井盖揭开看吗?肯定不是,最快速的办法是先从中间开始,如果发现中间不正常,那故障一定发生在前一段,否则在后一段。下一步自然是如法炮制,用不了多久就可以找到故障所在的位置,那个故障点便是我们数学上说的极限点,从中间开始寻找的办法本质上与区间套定理是一样的。设计这个方案的人也许不懂区间套定理,但他却具备了基本的数学思维。而我们学了那么多的数学,却不知学来何用,只能说,你灌了一肚子墨水,却没能让墨水流进你的血液成为你身体的养分,这样的数学学来何用?的确不如不学。

上述定理在数学上的威力更是众所周知的,例如常系数微分方程的求解有一套完整的解决方案,但变系数就很复杂了。例如,假设

$$a_n(t)x^{(n)}(t) + a_{n-1}(t)x^{(n-1)}(t) + \cdots + a_0(t)x(t) = 0$$

是 n 阶的变系数微分方程,不妨假设 a_i 都是连续的,这类方程没有一般的解法,甚至无法求出它的解析解。如何处理这类方程?有一个办法可以求它的近似解,由于 a_i 连续(即使不连续也可以处理,但已经超出了微积分的范围),所以在每个点的附近函数值变化不大,在允许的误差下,可以在 t_0

附近用 $a_i(t_0)$ 近似代替 $a_i(t)$，这样就得到了一个常系数微分方程：

$$a_n(t_0)x^{(n)}(t) + a_{n-1}(t_0)x^{(n-1)}(t) + \cdots + a_0(t_0)x(t) = 0,$$

这个方程是可以求解的。问题在于我们只是在 t_0 的附近得到了一个近似解，如何得到整体解？这就需要将局部解"粘"成一个整体解，如果只有有限个 t_0，是不难把这些局部解粘到一起的。遗憾的是，每个 t_0 都取了一个小邻域，这样的小邻域有无穷多个，如何把这些小邻域上的局部解"粘"起来？在区域紧致（有限闭）的情况下，有限覆盖定理就发挥作用了。

有限覆盖原理的证明貌似有一定难度，但如果我们仔细思考一下两个基本问题就不难找到证明的关键了：(1)如果向一个底与高都有限的桶里（如垃圾桶）放半径一样的球，能放多少个？ 可以放进去无穷多个吗？(2)如果假设这些球的半径可以不同呢？ 可以放进去多少？ 能不能是无穷个？ 由此可见，证明的关键是能不能在覆盖紧致集（有界闭集）的开集中找到含半径不小于某个固定正数的邻域，仅由含这些邻域的开集就把该紧致集覆盖了。

6.1.5 连续性简论

极限概念之后紧接着的是函数的连续性问题，相关的问题有这样两类：(1)连续与间断的定义、间断点的类型；(2)连续函数的性质。

连续函数概念本身并不难理解，只要理解了函数极限概念，连续性概念是顺理成章的事，所以在概念上不需要花大力气，间断点的类型也好理解。但如果我们据此认为连续函数的教学很简单就错了，这里依然有一些难点问题，有些问题甚至是传统的微积分解决不了的，需要依靠后续的"实变函数论"才能解决。例如，一个函数黎曼可积的充要条件是什么，它最多可以有多少个间断点？ 这个问题传统的微积分就解决不了。对于中学生或大学非数学专业的学生来说，无须触及如此深入的程度。不过，作为趣味性问题，可以采取科普的方式适当介绍。

人们常常把连续函数想象成一个连续不断的曲线，教材上的例子也大多如此,如果我们认为连续函数就是这个样子就大错特错了,连续函数也可以很古怪,著名的佩亚诺(Peano)曲线就是个典型的"病态"连续函数,因为它的图像充满了一个矩形,换句话说,这个函数把一个区间映成了一个矩形,你能想象吗?可它的确存在(这或许印证了"芥子纳须弥"的古老说法,有限的矩形包容了无限的曲线,当然,量纲不同了,有限的矩形指面积,无限的曲线指长度)。我们没有必要详细介绍这个曲线的构造,既费时间,学生也未必能真正听懂,最多可以介绍个大概,然后建议有兴趣的同学去看看相关的书籍,如《分析中的反例》[56]就是本不错的参考书。或许有人认为对中学生或非数学专业的大学生没必要讲这些,大学数学专业的学生都未必讲这个曲线。我们不这么看,人们往往习惯于从正面介绍一种理论,可是反例对于理解一个概念或一种性质常常能起到事半功倍的作用,从另一个角度说,反例是构造者智慧的结晶,很多正面的结论我们可以按照逻辑顺理成章地逐步推演出来,而反例通常是反常态的,蕴藏着一种奇思妙想,了解它们既是一种数学欣赏,对于学生的智力挖掘也能起到一定的作用,历史上很多重要的反例都是天才构造出来的。函数是一个花花世界,千姿百态,即便是高斯(Gauss)这样的大家对此也常常有点茫然。事实上,一门完整的学科应该是由理论与反例共同构成的,反例是其中不可分割的组成部分。遗憾的是,有些数学教师自己都未必知道历史上许多脍炙人口的著名例子。

再来说间断,不连续自然就是间断了,间断点的类型每本微积分教材中都有详细论述,中学教材虽然没有讲间断,高考也不会涉及函数的连续与间断,但作为数学教育,教师不应该沦为考试的奴隶,应该知道什么是该教的,微积分作为一门完成的知识体系,教学不应该断章取义,不妨简单介绍一下间断的概念。

中学教材虽然不提连续性,但在研究初等函数时却需要利用连续函数的性质,并介绍了二分法。连续函数的性质对于方程的求解具有重要意义,它在理论上保证了我们在进行数值求解时近似解的收敛性。教师不妨将函数的连续与间断概念贯穿在初等函数的教学中,并适当介绍如何近似求解。求近似解往往更具有现实意义,所以应该强化数值计算的教学,最好顺便介绍如何编制求解程序并通过计算机实现。

教材回避连续性概念的原因也许与回避极限的原因一样,然而,如果不涉及严格的极限语言,介绍极限及连续性并不会增加学生理解上的困难。

微积分处理的大多是连续函数,偶尔也会涉及有间断点的函数,但函数的间断点是一个很复杂的话题,也是一个十分有意思的话题。数学家们围绕着这个问题绞尽脑汁构造了很多病态却很神奇的函数,其中之一便是狄里克雷函数。相信学过微积分的人都知道什么是狄里克雷函数,具体地说,它在有理点处取值为 1,无理点处取值为 0,这是个极其病态的函数,你画不出它的图像,只能通过示意图显示,它处处间断。估计大多数学过一点微积分的人对这个怪物只了解这么多了。其实换一个角度看,狄里克雷函数也有它好的一面,它既是个周期函数,又是个偶函数,还可以用解析式的极限来表示。如果把它放在实分析里,它是最简单函数的特殊情形,这类函数是构成一般可测函数的基石:特征函数。不过它的周期与别的周期函数有所不同,我们讲周期函数的周期时通常指函数的最小正周期,例如,$y = \sin x$ 的最小正周期是 2π,所以我们就说该函数的周期是 2π,虽然 $2k\pi$(k 是整数)都是它的周期。然而,狄里克雷函数却没有最小的正周期。

如何用代数式表示狄里克雷函数呢? 可能有点出乎人们的意外,它竟然是三角函数的极限:

$$D(x) = \lim_{k \to \infty} \lim_{n \to \infty} \left[\cos(k!\pi x) \right]^{2n}。$$

狄里克雷函数是个极端的例子,间断函数的另一个极端例子是只有一个间断点的函数,这类函数中有一个鼎鼎大名,它不仅在数学上意义重大,在电路工程中也时常能见到它的身影,这就是著名的赫维赛德(Heaviside)函数。它是指当 $x > 0$ 时为 1,$x \leqslant 0$ 时为 0 的函数。这个函数的物理模型在现实生活中随处可见,例如,当你打开家中电器开关的一瞬间将有电流通过,电器便开始运转了,这就是赫维赛德函数的典型物理模型。数学家坐在家里闭门造车玩出来的东西一旦在现实中找到它的实例,谁能说这个实例不是数学的模型？或许叫原型更合适（当然我并不是说赫维赛德是个数学家，事实上，他应该是一个工程师）。如果能找到很多实例与数学家的这个东西类似，就可以反过来把数学家的发明称为某类现象的数学模型了。

关于赫维赛德函数也有一个很有意思的问题：当你打开开关的一瞬间，电流强度是多少？它给我们什么启示？后者也许根据常识就能得出结论，但电流强度的计算却不是微积分能解决的，因为电流强度是关于电量的导数。

两个伟大的人分别发明了两个极端的函数，处于"中间地带"的间断函数都长成啥样？有限个间断点的函数不难构造，能不能构造出具有无穷多间断点但并非处处间断的函数？这样的函数很多，例如单调函数就可以有无穷多个间断点，而且还是黎曼可积的，证明同样需要一点微积分之外的知识。还有一个函数也有无穷多个间断点，但它并非单调函数，这就是以最伟大数学家之一的名字命名的函数——黎曼函数。不过与玄论里涉及的黎曼 ζ 一函数（黎曼猜想）说的不是一回事。黎曼函数没那么高深，它是指这样的函数 $R(x)$，当 x 是无理数时，$R(x)=0$，当 $x=q/p$（既约分数）时，$R(x)=1/p$，这个函数在有理点间断，无理点连续，看上去与狄里克雷函数有点像兄弟，但它俩的禀性完全不同，黎曼函数是一个黎曼可积函数，狄里克雷函数则要比黎曼函数病态得多，只有勒贝格积分才能对付它。

狄利克雷函数没有最小正周期的证明并不难，它不过是更一般结论的特殊情形。一个非常值的连续周期函数是否有最小正周期？只要学过区间套原理、聚点原理之类的东西就不难回答这个问题，甚至二分法也可以解决这个问题。

假设 $y=f(x)$ 是连续的周期函数，但没有最小正周期，令

$$T_0 = \inf\{T \mid T > 0 \text{ 是 } y = f(x) \text{ 的周期}\},$$

可以证明 $T_0=0$。事实上，如果 $T_0>0$，则存在 $y=f(x)$ 的正周期序列 $\{T_n\}$ 使得 $T_n \to T_0$，对任意 x，有

$$f(x + T_0) = \lim_{n \to \infty} f(x + T_n) = f(x),$$

这说明 T_0 也是 $y=f(x)$ 的正周期，从而是其最小正周期，这与假设矛盾，故必有 $T_0=0$，于是存在一个趋于 0 的正周期序列 $\{T_n\}$。任取两点 x_1, x_2，不妨设 $x_1 < x_2$，则存在 n_0，对任意 $n > n_0$，存在正整数 k_n 使得

$$x_1 + (k_n - 1)T_n \leqslant x_2 < x_1 + k_n T_n \text{（为什么？）}。$$

记 $x_n = x_1 + (k_n - 1)T_n$，$y_n = x_1 + k_n T_n$，则

$$x_n \leqslant x_2 < y_n,$$

且 $y_n - x_n = T_n \to 0$，可见 $x_n \to x_2$，$y_n \to x_2$。由函数的连续性知 $f(x_n) \to f(x_2)$。又因为 $f(x_n) = f(x_1 + (k_n - 1)T_n) = f(x_1)$，这说明 $f(x_1) = f(x_2)$，即 $y=f(x)$ 是常数。

如果减弱条件，去掉连续性假设，一个周期函数如果没有最小正周期，其正周期的下确界是否为 0？也就是说，如果 $y=f(x)$ 是周期函数（不一定连续），记

$$T_0 = \inf\{T \mid T > 0 \text{ 是 } y = f(x) \text{ 的周期}\},$$

是否必有 $T_0=0$？

前面的证明利用了函数的连续性，所以那个证明不适用于非连续函数。假设 $y=f(x)$ 是没有最小正周期的周期函数（未必连续），如果 $T_0 > 0$，则存在一列正周期序列 $\{T_n\}$ 使得 $T_n \to T_0$，不妨设 $\{T_n\}$ 单调递减趋于 T_0，显然 $T_{n+1} - T_n$ 仍是 $y=f(x)$ 的正周期，当 n 充分大时，$T_{n+1} - T_n < T_0$，这与 T_0 是正周期的下确界矛盾，故 $T_0=0$。

回到狄里克雷函数，这个函数有一个极限表达式：

$$D(x) = \lim_{k \to \infty} \lim_{n \to \infty} [\cos(k!\pi x)]^{2n}。$$

如何证明这个等式？只需考虑当 x 分别为有理数与无理数时 $k!\pi x$ 可以取到什么值便不难证明了。如果 $k!\pi x$ 不是 π 的整数倍，其余弦的绝对值严格小于 1，从而当指数趋于无穷时趋于 0，当 $k!\pi x$ 是 π 的整数倍时，其余弦的绝对值为 1，故

$$\lim_{k \to \infty} \lim_{n \to \infty} [\cos(k!\pi x)]^{2n} = 1。$$

所以问题的关键在于当 x 是无理数时，$k!\pi x$ 为什么不可能是 π 的整

数倍？当 x 是有理数时，只要 k 充分大，为什么 $k!\pi x$ 一定是 π 的整数倍？

由此可见：

（1）非常值连续周期函数必有一个最小的正周期；

（2）周期函数如果没有最小正周期，其正周期的下确界一定为 0。

6.2   导数与微分

6.2.1   导数概念的教学

中学涉及导数的教学内容不多，既不介绍中值定理，也不讲高阶导数，更不介绍泰勒公式，基本限于导数概念、求导法则、初等函数的求导等，其难点主要有三点：(1)导数概念的理解；(2)利用定义求导数；(3)导数的综合运用。

对导数概念的理解需要建立在极限概念基础上，如果学生不能理解函数极限的本质，对导数概念就不可能真正理解，只能依样画葫芦。一些中学教材关于导数概念的处理值得商榷，教材通过两个例子引入变化率、平均变化率、瞬时变化率的概念，然后进行一大堆数值检验，颇有借鉴高等数学教材中通过数值检验阐释 $\delta\text{-}\varepsilon$ 语言的痕迹。然而，不得不说，这种做法并不可取，既耗费了时间，也未必能揭示导数的科学本质。1.4.3 节针对导数设计了一节概念课，并将之应用于实际的教学，实践表明，通过一系列引导式的问题构成的问题链进行直观引导，层层递进，学生更容易掌握导数概念的本质。

用定义计算基本初等函数的导数是无法回避的问题，其中有些问题有着中学生无法逾越的障碍，例如计算三角函数的导数需要大量的三角公式，而有些公式是学生未曾学过的，指数函数、对数函数的求导需要利用一个特殊的极限($\lim\limits_{x\to 0}(1+x)^{1/x}$)，学生对这个极限也是陌生的，教师除了让学生承认这个结论，大概别无他法。如果没有三角公式，不了解上述特殊极限,实在想不出有什么办法可以煮出"不夹生的饭"来。当然,有一个不是办法的解决办法,那就是有选择地讲,能讲的就讲,不能讲的就不讲,或者干脆让学生承认一些事实,直接使用。但坦而言之,我们无法理解这种半生不熟的微积分教育的意义。

如果说导数的计算可以采用拿来主义的做法。导数所蕴含的深刻思想又如何在教学中得到体现呢? 抽去了思想的数学教学还能称得上数学教育吗?

正如第 1 章所述,历史上导数概念的产生源于几何、物理中几类典型问题:(1)沿直线运动物体的瞬时速度;(2)沿曲线运动物体任意时刻的运动方向(如确定抛射物某个时刻的运动方向);(3)光的反射;(4)曲线上一点处的切线。这些问题对于中学生也是触手可及的,并没有理解上的障碍,完全可以针对这些问题创设合适的情境阐述解决这类问题的一般方法,从中发现它们的共性进而归纳出导数概念。换句话说,导数是从许多实际问题中抽象出来的概念,它摆脱了各种烦琐的实际背景,以便于我们从纯数学的角度进行研究。导数概念的出现正是一个从特殊现象到一般规律的成功发现的典范。它告诉我们如何从各种纷繁复杂的自然现象或社会现象中发现具有共性的东西,并加以提炼形成一套普遍适用的理论,再反过来运用于各种实际问题的研究。如果我们将导数概念再次运用于实际问题中,将会发现,诸如功关于时间的变化率(功率),化学反应中反应物的浓度关于时间的变化率(反应速度),某种商品的制造商对每天制造 x 件产品的成本关于 x 的变化率(边际成本)等重要的量都是这里所说的导数,可见导数概念是多么重要。从特殊到一般,从具体到抽象的归纳与概括能力是发现和建立各种概念与理论的基本能力。

6.2.2　微分思想与近似公式

从几何上看,函数在一点的导数是函数在该点切线的斜率,如果做近似逼近,曲线在一点的切线是在该点附近最接近曲线的直线,因此只要精确度要求不高,近似地可以在该点附近用切线代替曲线,特别是当距离切点很近或曲线弯曲程度不大时,这种近似还是很有效的,这正是微分近似公式的由来。具体地说,设 $y=f(x)$ 定义在区间 $[a,b]$ 上,若 $f(x)$ 在 x_0 点可导,则其曲线在 x_0 点处的切线方程为

$$y = f(x_0) + f'(x_0)(x - x_0), \qquad (*)$$

记 $\Delta f(x) = f(x) - f(x_0)$ 为 $y = f(x)$ 在 x_0 点附近的增量,则 $f(x) = f(x_0) + \Delta f(x)$。记 $\Delta x = x - x_0$,则切线方程可以写作

$$y = f(x_0) + f'(x_0)\Delta x,$$

于是

$$f(x) - (f(x_0) + f'(x_0)\Delta x) = \Delta f(x) - f'(x_0)\Delta x。 \quad (**)$$

显然,当 $\Delta x \to 0$ 时,($**$)式也趋于 0 ,不仅如此,由导数的定义可以看到

$$[f(x) - (f(x_0) + f'(x_0)\Delta x)]/\Delta x = \Delta f(x)/\Delta x - f'(x_0) \to 0。$$

这说明($**$)是比 Δx 更高阶的无穷小量。因此当 Δx 很小时,切线与函数曲线的误差也是很小的,这正是我们对函数进行近似计算的基础。如果函数 $y = f(x)$ 在 x_0 点的值容易计算,但计算其他点处的值是困难的,则在 x_0 附近,可以用线性函数($*$)来替代 $f(x)$。尽管中学教材中并不介绍这一思想,然而,它恰恰是微积分的精髓之一,而且从认知的角度看,它并不比导数概念更难理解。

微分的思想不仅对解决实际问题意义重大,甚至在现代数学中也随处可见其身影,例如李群的李代数、流形上的切丛、拓扑空间的向量丛等,无不闪现了微分思想的光芒。

与导数的概念相比,求导法则的教学并无多少悬念,导数的计算也比极限与积分的计算容易一些。

中学涉及导数的问题常常是对一个函数(例如三次函数)求导,然后转化为传统的初等问题(例如判断二次方程根的存在性或大概范围),把一个数学史上最伟大的发明创造变成了纯机械的计算,不能不说是一件令人遗憾的事。

6.3 积分与应用

6.3.1 定积分教学策略

很多人认为,大学非数学类专业的学生只要学会计算积分就可以了,无须关注太多的理论,但积分理论同样蕴含着深刻的数学思想。

中学教材中的积分内容与大学微积分中的积分内容有所不同,中学不是先从不定积分开始,而是直接介绍定积分,这倒是与积分理论产生的历史相吻合。事实上,不定积分出现在定积分之后,它纯属数学家为了方便积分计算发明出来的,与积分理论本身并无直接关系。

中学介绍牛顿-莱布尼茨公式的确是必要的,在微积分理论产生之前,求曲线所围图形的面积是一类十分困难的问题。事实上,在阿基米德和伽利略时代,面积、体积与曲线长度的计算对普通人来说是件奢侈的事情,只有天才的数学家才敢于挑战。解决这类问题往往需要非常高超的技巧。只有在巴罗(Barrow,牛顿的老师)发现了微分与积分的内在关系并由牛顿与莱布尼茨发展成一套完整的微积分体系之后,上述问题才开始变成大众化的问题,对于普通人来说,计算面积、体积与曲线长度再也不是一件可望而不可即的难事了。

传统的教材通常是首先介绍不定积分,在介绍了各种积分技巧后才来介绍定积分及微积分学基本定理,这样的安排有两个明显的缺陷:(1)与积分理论的发展历史不相符。历史上实际上是先有了面积概念(定积分),原函数概念是后来产生的,面积问题一直可以上溯到欧几里得时代。按照教材中的顺序难以尽述积分理论的来龙去脉。(2)不定积分与定积分内容部分重复。学习不定积分时需要熟悉若干积分方法(分部积分、换元法等),学习定积分时还得再来一遍(当然,此时的侧重点在于积分上下限的确定问题),完全可以将不定积分、定积分合二为一。

如果我们从距离(或面积)问题出发首先引入定积分思想(分割求和),通过各种实例说明实际计算的难度,然后再引入原函数概念,寻找分割求和与原函数之间的内在关系,马上可以得到微积分学基本公式。实际可以这样进行:

在处理一般函数时,常用函数曲线上一点的切线段代替曲线段。这一思想可以帮助我们处理一般的面积问题。具体地说,我们可以局部地利用矩形来代替一般区域,可以通过几个具体的例子阐述这一思想。

通过距离与面积问题的探讨可以发现处理这类问题的共同点,以距离为例,设物体 t 时刻走过的路程为 $S(t)$,那么物体从 t_0 时刻到 t_1 时刻走过的路程为 $S(t_1)-S(t_0)$(引入原函数概念)。又假定物体 t 时刻的速度为 $v(t)$,按定积分定义,物体从时刻 t_0 到时刻 t_1 所走过的路程为速度函数 $v(t)$ 在 $[t_0,t_1]$ 上的定积分,因此应该有

$$S(t_1) - S(t_0) = \int_{t_0}^{t_1} v(x)\mathrm{d}x。$$

这就是说,函数 $v(t)$ 的定积分与其原函数之间有某种内在关系,这种关系是偶然的巧合还是具有普遍性呢? 换言之,如果函数 $f(x)$ 在 $[a,b]$ 上可积,它是否必有原函数? 如果 $F(x)$ 是 $f(x)$ 的原函数,是否必有

$$F(b) - F(a) = \int_{a}^{b} f(x)\mathrm{d}x?$$

如果上述等式成立,那么计算 $f(x)$ 的定积分问题就转换成了求原函数的问题。根据定积分定义计算定积分的值是件比较困难的事,而求原函数相对说来要简单得多,因此上述等式将为计算定积分带来极大的方便。正是这一公式使得微分计算与积分计算这两个看似无关的问题之间建立了一座桥梁,从而带来了面积、体积及曲线长度计算的一场革命。这类问题不再令人望而生畏了。

有了上述探讨,学生对积分问题就有了整体的认识,接下来就是细节问题了,可以首先定义原函数概念。如果知道了变速运动物体任意时刻的速度,也许我们还想知道该物体在某个时间段内走了多远,或者在某一时刻它的位置。工程师可以测量水库大坝每一点的压强,也希望知道大坝所

承受的压力。生物学家希望从细菌繁殖的速度算出某个时刻细菌繁殖的总量,所有这些问题都归结为如何寻找函数 F,使其导数是已知函数 f,如果这样的函数 F 存在,则称它为 f 的一个原函数。

定义　设 $y=f(x)$ 是区间 I 上的函数,如果存在 I 上的函数 F,使得对任意,有 $F'(x)=f(x)$,则称 F 为 f 在 I 上的一个原函数。

且别急于介绍各种积分技巧,首先寻找原函数与定积分之间的一般关系,从而建立微积分学基本公式——牛顿-莱布尼茨公式,最后再介绍各种积分技巧。如此学生对积分理论就有了个清晰的轮廓,不至于被各种纷繁复杂的积分技巧弄得晕头转向。事实上,个人觉得对于非数学专业的学生而言,不需要掌握太深奥的积分技巧,借助各种数学软件很容易得到各种复杂的积分。换句话说,积分理论的教学重点同样不应该放在技巧的训练上,思想更重要。

中学积分内容基本是按照上述思路编排的,不过内容更简单,主要包括定积分定义、牛顿-莱布尼茨公式以及一些比较简单的积分计算,例如多项式的积分。从内容的编排看,中学教材关于积分理论的深度与广度是合适的。

6.3.2　从直觉到方法

无论是数学还是自然科学,积分随处可见,能量可以表示成积分、路程可以表示成积分、压力可以表示成积分、电量可以表示成积分、面积也可以表示成积分,积分无处不在。总之,只要你"阴晴不定"(变量),最后多半要遭遇积分。

令人遗憾的是,即使你已经把握了某个量的变化特征,甚至用简单的函数关系把它表示了出来,也未必能准确计算出它的积分,所以,"逼近"在数学与自然科学研究中是一种司空见惯的手段。在计算技术如此发达的今天,数学与计算机的结合,使得近似计算的精度可以达到惊人的程度。

不过在实际进行计算之前,需要先弄清楚一件事,你的近似算法可不可行？具体地说，你取了一个比较简单的函数序列，通过计算它们的积分去逼近目标函数的积分，也许你能看出这个函数序列的确是收敛到目标函数的，甚至这个函数序列的积分也是收敛的，这时也许你武断地认为，积分序列一定收敛到目标函数的积分。于是信心满满地算出了能量、算出了压力，但最终可能经不住实践的检验。很多年前，有人给某个油田算勘探数据，他算的数据是个发散序列，却振振有词道："与实际结果非常吻合"，据说后来被人大骂骗子。

积分与极限的顺序是否可以交换是个比较难的问题，微积分中通常需要附加非常强的条件，最简单的条件当然是函数序列一致收敛。然而，令人沮丧的是，绝大多数的情况下是无法做到一致收敛的，甚至处处收敛都做不到。历史上最著名的问题是"函数的傅里叶展开是否收敛到该函数？"虽然傅里叶分析是个比较古老的学问，但这个问题的解决却经历了相当长的时间，并因此诞生了一门新的理论——调和分析。我们暂且把傅里叶分析放在一边，还是来考察收敛性问题，看看数学上的直觉能帮我们做什么。

如果一个函数列一致收敛，通常函数列的很多特征都被极限继承了下来，例如连续性、可积性等。我们需要考察的是，如果一个函数列仅仅处处收敛，它与一致收敛的差别有多大？也许从这种差别上可以看出一点解决问题的苗头。不妨看一个简单的实例：$f_n(x) = x^n, x \in (0,1)$，这是个处处收敛到 0 但不一致收敛的函数列。这个函数列虽然不是一致收敛的，但我们不难看到，导致不一致收敛的原因在于区间的右端点，只要我们把右端点的一个充分小邻域挖掉，例如挖掉 $(\delta, 1)$，其中 δ 充分接近 1，那么在剩下的区间 $(0, \delta]$ 上，函数列是一致收敛的。它启发我们可以这样来处理问题，在区间 $(0, \delta]$ 上由于有一致收敛性做保证，问题不难解决，需要对付的是区间 $(\delta, 1)$ 上的情形。由于 δ 可以充分接近 1，换句话说，这个区间的长度可以充分小，可以想象，只要函数列不是太不守规矩，它们在这个小区间上的积分还是可能被控制的。事实上，微积分中瑕积分的收敛性判定采用的正是这个思想。

问题的关键在于，上述例子是特殊现象还是具有某种规律性？也就是说,当一个函数列处处收敛时,导致收敛不具有一致性是否仅仅源于定义域中个别的点? 无论你考察什么具体的函数列,答案都是肯定的。因此我们有理由相信,一个处处收敛的函数列一定可以通过挖掉定义域中"很少"的部分,使得在剩余的部分一致收敛。这正是实变函数中非常重要的叶戈罗夫定理的由来,这个定理是说:"如果 $\{f_n\}$ 是有限测度集 E 上几乎处处有限且几乎处处收敛到 f 的可测函数列,那么对任意 $\delta > 0$,存在 E 的可测子集 E_δ,使得 E_δ 的测度小于 δ,并且 f_n 在 $E - E_\delta$ 上一致收敛到 f。"这个定理对于积分与极限交换顺序的证明起着举足轻重的作用。在我看来,叶戈罗夫定理的重要性不仅仅体现在它的应用上,更重要的是这种处理问题的思想,即将问题分成"正常"与"奇异"两个部分来分别处理,这是数学的常规思想方法。

6.4　微积分学基本定理

6.4.1　微积分学基本定理教学实录

牛顿-莱布尼茨公式作为微积分理论中最重要的公式,在导数与积分之间架设了一座桥梁,使得定积分的计算变得容易了许多,中学既然介绍定积分,这个重要公式的介绍自然是少不了的。但中学没有介绍不定积分,所以这个公式的处理方法与大学微积分有所不同。教材从几何的角度利用曲线割线的斜率解释牛顿-莱布尼茨公式让学生很难领会其本质。2016 年,本书第一作者在中学上了一节关于微积分学基本定理的课,与教材和中学教师通常的做法不同的是,主讲人没有急于推出微积分学基本定理,而是从定积分的起源开始,试图阐述清楚积分理论的基本思想,然后利用平均变化率推导出牛顿-莱布尼茨公式,即微积分学基本定理。

教师首先带领学生回顾了定积分概念:

1. 定积分的前世今生

教师：定积分是用来干什么的？

学生：计算面积

教师：是的，面积问题是最古老的问题，数学有多久，面积问题就有多久，不过，在微积分中，面积只是个代名词，它代表了一大类问题，例如"由速度求路程"、"由压强求压力"等都可以笼统地称之为面积问题。最早的面积问题是关于多边形的面积。如果边界弯曲，面积问题就变得非常复杂了，第一个边界弯曲的图形是圆，大家还记得圆的面积是怎么算的吗？

学生：割圆术。

教师：割圆术的基本思想是什么？是将圆周 n 等分，从而构造圆的内接正 n 边形，正 n 边形的面积是可以计算的，当 n 越来越大时，多边形的面积与圆的面积就越来越接近了。这种思想可否推广到一般的图形？这就是一般的曲边梯形的面积。回顾一下，在定积分概念课上是如何定义曲边梯形面积的？基本的思想方法是什么？是不是使用了与割圆术一样的思想？假设函数 $y=f(x)$ 定义在区间 $[a,b]$ 上，将区间进行分割，分割之后，每个小区间上函数的变化会不会很大？如果在小区间 $[x_{i-1}, x_i]$ 中任意取一点 ξ_i，如果以 $f(\xi_i)$ 为近似代替函数在小区间上每一点的值，则得到一个以 $[x_{i-1}, x_i]$ 为底，$f(\xi_i)$ 为高的小矩形，当小区间的长度很小时，这个矩形的面积与 $[x_{i-1}, x_i]$ 上小曲边梯形条的面积就很接近了。换句话说，当区间 $[x_{i-1}, x_i]$ 的长度很小时，可以用矩形代替曲边梯形，这种思想在微积分中随处可见，可以说是微积分的灵魂，称之为"局部地以直代曲"，即局部地用直线代替曲线。大家回忆一下在定义导数时采用了什么思想？例如当我们计算变速运动的瞬时速度时采用的就是类似的办法，当时间间隔很短时可以用该时间段上的平均速度近似代替瞬时速度，这就是局部地"以不变代替变"。当时间间隔越来越小，最后的极限就是瞬时速度。可见两种问题的处理方法是类似的。定积分的应用范围很广，例如水坝各点的压强是不同的,水越深,压强越大,所以需要利用定积分才能计算出水坝的压强。

教师:大家在上一节课应该已经见识过定积分的计算了,我们用定义计算定积分时会遇到很多的困难。在古时候,除了圆的面积,更一般的曲边图形的面积计算是非常难的,这是数学家的奢侈品,一般人是不敢问津的。例如,关于抛物线与一些线段所围图形的面积,大家上一节课已经计算过,它涉及 $\sum_{i=1}^{n} i^2$ 的计算。如果是计算 $y=x^3$ 与 x 轴及 $x=0$、$x=1$ 所围图形的面积呢? 这时出现了什么?

学生:立方和公式。

教师:对,就需要计算 $\sum_{i=1}^{n} i^3$ 了。不过你仍然可以从数学手册中查到这个求和公式。如果是计算 $y=x^4$ 与 x 轴及 $x=0$、$x=1$ 所围图形的面积呢? 这个问题就非常复杂了。在微积分出现前,类似这样的图形面积问题异常复杂,几乎每一个函数都需要采用特殊的方法。于是大家自然会思考一个问题:有没有一个统一的办法解决这类问题? 也就是如何计算定积分? 这就是我们今天要讲的第二个问题。

2.定积分的计算

教师:这是我们要重点解决的问题,因为定积分是如此的重要,无论是数学还是自然科学,都经常会遇到积分的计算问题。而定积分的计算是微积分中计算最困难的问题,哪怕是一个简单的函数,其积分的计算都可能是很困难的,甚至可能无法计算。有没有通用的办法计算定积分,而不是针对不同的函数采用不同的方法? 在微积分产生前这是不可想象的,我们的课本中是先有导数概念再有定积分概念,但历史恰恰是反过来的。面积问题由来已久,而切线问题则要晚很多年,虽然自古也有圆的切线问题的研究,但真正作为一门理论则是在微积分时代。如果历史如同我们的书本写得那样,也许很多问题就不会那么复杂了。现在我们先来看一个例子,也是我们书本上的例子:

（1）速度与路程的关系

教师：如果知道路程与时间的关系：$S = S(t)$，这个物体在任意时刻的速度是多少？这是大家熟悉的，求导数就可以了。回顾一下导数是怎么求的：为了求出物体在 t_0 时刻的瞬时速度，首先计算 t_0 时刻附近的平均速度：$[S(t) - S(t_0)]/(t - t_0)$，当 t 与 t_0 很接近时，平均速度与瞬时速度很接近，这时可以用平均速度近似替代这个时间段上的瞬时速度，取极限便得到 t_0 时刻的瞬时速度。

现在的问题要反过来，有时我们可能知道物体在任意时刻的瞬时速度，如何计算在某个时间段内走过的路程？也许我们只知道瞬时速度，并不知道路程与时间的关系，如何计算路程？依然是使用前面的思想方法，将时间等分，大家可以想象一下，只要分割得足够细，在小的时间间隔内，速度的变化不会很大吧？

学生：不会。

教师：于是我们可以用这个小区间上任何时刻的速度近似替代这个小区间上的瞬时速度，也就是可以任取 $\xi_i \in [t_{i-1}, t_i]$，时间长度为 $\Delta t_i = t_i - t_{i-1} = (b - a)/n$。在 t_{i-1} 到 t_i 时刻，物体走过的路程 S_i 近似等于 $v(\xi_i) \Delta t_i$，因此在 $[a, b]$ 上物体走过的路程

$$S \approx \sum_{i=1}^{n} v(\xi_i) \Delta t_i。$$

取极限之后便得到路程的精确值

$$S = \lim_{n \to \infty} \sum_{i=1}^{n} v(\xi_i) \Delta t_i。$$

现在让我们来对这个极限式做一番分析，在 $[t_{i-1}, t_i]$ 上，速度是变化的，有些时刻速度快一些，有些时刻速度慢一些，平均速度与瞬时速度是什么关系？对，平均速度介于该时间段上最快速度与最慢速度之间。在上面的极限式中，ξ_i 是任取的，这就是说，既可以取最快速度，也可以取最慢速度，不会影响极限值。能否用平均速度替代某个时刻的瞬时速度呢？最后的极限是否一样？这是显而易见的，于是有

$$S = \lim_{n \to \infty} \sum_{i=1}^{n} \left[(S(t_i) - S(t_{i-1})) \right]/\Delta t_i \cdot \Delta t_i = \int_a^b v(t) \mathrm{d}t。$$

现在来看看和式 $\sum_{i=1}^{n} \left[(S(t_i) - S(t_{i-1})) \right]/\Delta t_i \cdot \Delta t_i$，不难计算：

$$\sum_{i=1}^{n} \left[(S(t_i) - S(t_{i-1})) \right]/\Delta t_i \cdot \Delta t_i = \sum_{i=1}^{n} S(t_i) - S(t_{i-1}),$$

最后剩下什么？

学生：$S(t_n) - S(t_0)$。

教师：对，$\sum_{i=1}^{n} S(t_i) - S(t_{i-1}) = S(t_n) - S(t_0) = S(b) - S(a)$。

因此

$$\int_a^b v(t) \mathrm{d}t = \lim_{n \to \infty} \sum_{i=1}^{n} \left[(S(t_i) - S(t_{i-1})) \right]/\Delta t_i \cdot \Delta t_i$$

$$= S(b) - S(a)。$$

速度 $v(t)$ 与路程 $S(t)$ 之间是什么关系？对，速度是路程的导数，也就是说

$$\int_a^b S'(t) \mathrm{d}t = \int_a^b v(t) \mathrm{d}t = S(b) - S(a)。$$

由

$$v(t) = S'(t),$$

$$\int_a^b v(t) \mathrm{d}t = S(b) - S(a)。$$

可以看出，求导与求积分是一种互逆的运算。

这种关系是否具有一般性？也就是说，一个一般的可导函数是不是也有类似的关系？

(2) 一般情形

假设 $[a, b]$ 上的函数 $y = F(x)$ 有导数 $y = f(x)$，即 $F'(x) = f(x)$，这时是否有类似的公式：

$$\int_a^b f(t) \mathrm{d}t = F(b) - F(a)?$$

当然，这里需要对函数 $y = f(x)$ 做适当的假设，否则，这将是一个非常困难的问题，直到大学的实变函数课程才能解决，所以我们不妨设 $y = f(x)$ 是

连续的。我想请同学来回答这个问题,给大家五分钟时间思考一下,然后请一位同学回答。

有没有哪位同学自告奋勇上来写一写?

学生:(一位学生到讲台前板书,依然采用了教材中的做法,但仅仅画出了一个示意图,把导数用割线的斜率取代,看起来似乎是提前学习了此部分内容,但思路不清)。

教师:你能否把具体的推导过程完整写出来?

学生:(学生笑答不能)。

教师:这位同学所采用的方法与我们这里的处理方法并没有本质上的区别,割线的斜率与切线的斜率之间是什么关系? 当两点很靠近时,割线的斜率与这两点之间任意一点切线的斜率之间差别有多大? 如果按照教材或刚才那位同学的做法,公式的推导并不直观,也难以看清其本质。如果我们把和式

$$\int_a^b f(t)\mathrm{d}t = \lim_{n \to \infty} \sum_{i=1}^n f(\xi_i)\Delta x_i$$

中的斜率 $f(\xi_i)$(瞬时变化率)换成割线的斜率(平均变化率)$[F(x_i) - F(x_{i-1})]/\Delta x_i$ 得

$$\int_a^b f(t)\mathrm{d}t = \lim_{n \to \infty} \sum_{i=1}^n f(\xi_i)\Delta x_i = \lim_{n \to \infty} \sum_{i=1}^n [F(x_i) - F(x_{i-1})]/\Delta x_i \cdot \Delta x_i$$

$$= F(x_n) - F(x_0) = F(b) - F(a)。$$

可以看出,公式的证明过程与具体的函数没有关系,其基本的思想是对区间分割后将小区间上任意一点处导函数 $f(x)$ 的函数值($F(x)$ 的图像在小区间任意一点处切线的斜率)换成函数 $F(x)$ 的图像在小区间上割线的斜率(相当于平均变化率),再取极限过程就可以了。这个公式就称之为牛顿-莱布尼茨公式,也叫微积分学基本定理。有了这个公式,积分问题就转变成导数问题了,有了这个公式后,很多积分问题就变得很简单了。这个公式的重要性体现哪里? (1)它沟通了导数与积分之间的关系;(2)有了这个公式,许多积分问题变得简单了。例如,前面提到的函数 $y = x^4$ 的积

分,现在能计算 $\int_0^1 x^4 \, \mathrm{d}x$ 吗?

学生：1/5。

教师：你们怎么知道的?

学生：因为 $[(1/5)x^5]' = x^4$。

教师：瞧,多简单! 你再试试用定积分的定义能否算出来? 通过这个简单的例子可以看出这个公式的威力有多大,它不愧为微积分理论中最重要的定理。

中学课堂强调学生参与,以教师为主导,学生为主体,反对灌输式教学,但这里存在两个基本问题:(1)如何理解学生的参与? 或者参与的基本形式是什么? (2)参与到什么程度? 无论从学生的经验积累以及认知能力看,蕴藏在概念与原理背后的思想几乎不可能依靠学生去独立发现,时间上也不允许。所以我们不应该机械地把以学生为主体理解成要学生动手独立去完成概念的建立与定理的发现。数学课堂上,教师如同向导一样,很多时候更像是带领学生在数学王国里一边观赏风景一边做解说,学生需要聚精会神、紧紧地跟着教师的思路往前走,这也是参与的一种形式。而当教师将隐藏在概念与原理背后的思想展露无遗后,学生应该能够水到渠成地完成归纳与总结,得出最后的结论。以上面微积分学基本定理的讲授为例,教师的本意是希望通过速度与路程的关系作为特例阐述牛顿-莱布尼茨公式内在的思想方法,然后由学生导出更一般的公式。遗憾的是学生受教材处理方法的影响比较深,而且似乎并没有真正弄明白教材的意思。

6.4.2 中学微积分学基本定理传统教学案例

下面是中学教师的一份完整的教案,从这个教案可以看出,教师并没有将焦点集中在挖掘牛顿-莱布尼茨所蕴含的思想方法上,而是细节性的计算。按照上面的处理过程,微积分学基本定理需要两节课才能完成,而按照下面的方案,一节课就可以完成了。

积分基本定理教案

重点：微积分定理

难点：微积分定理的理解及求原函数

教学内容

一、导数与定积分的探讨

二、微积分学基本定理

一般地,如果 $f(x)$ 是区间 $[a,b]$ 上的连续函数,并且 $F'(x) = f(x)$,那么 $\int_a^b f(x)\mathrm{d}x = F(b) - F(a)$,这个结论叫做微积分基本定理。

(1) 微积分基本定理揭示了导数和定积分的内在联系,同时提供了计算定积分的一种有效方法。

(2) 步骤：求 $f(x)$ 的一个原函数 $F(x)$,计算 $F(b) - F(a)$。

要说明的是如果 $F(x)$ 是 $f(x)$ 的原函数,那么 $F(x) + c$(c 为常数)也是 $f(x)$ 的原函数,求 $f(x)$ 的原函数只需得到 $F(x)$ 即可(为什么?)

(3) 求导数的运算与求原函数的运算互为逆运算。

>>> **例 1**　求计算下列定积分：

(1) $\int_1^2 \dfrac{1}{x}\mathrm{d}x$;　(2) $\int_1^3 \left(2x - \dfrac{1}{x^2}\right)\mathrm{d}x$。

(1) 有些函数的原函数不太好求,如 $\int_0^{\frac{\pi}{2}} \sin^2 \dfrac{x}{2}\mathrm{d}x$;注意先将表达式化简再找原函数。

(2) 有些函数的原函数可能求不出来,如 $\int_{-2}^2 \sqrt{4 - x^2}\mathrm{d}x$。注意几何意义处理手法求定积分的方法有：定义、几何意义、微积分基本定理。

三、利用微积分基本定理求曲边多边形的面积

>>> **例 2**　计算下列定积分：

$$\int_0^\pi \sin x\mathrm{d}x, \quad \int_\pi^{2\pi} \sin x\mathrm{d}x, \quad \int_0^{2\pi} \sin x\mathrm{d}x。$$

示意图：将计算结果与几何意义得到的结果比较，得到下面结论：

（1）当对应的曲边梯形位于 x 轴上方时，定积分的值取正值，且等于曲边梯形的面积（参见图 6.1）；

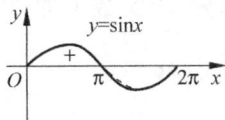

图 6.1

（2）当对应的曲边梯形位于 x 轴下方时，定积分的值取负值，且等于曲边梯形的面积的相反数（参见图 6.2）；

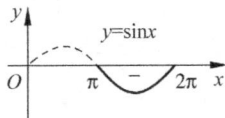

图 6.2

（3）当位于 x 轴上方的曲边梯形面积等于位于 x 轴下方的曲边梯形面积时，定积分的值为 0，且等于位于 x 轴上方的曲边梯形面积减去位于 x 轴下方的曲边梯形面积（参见图 6.3）。

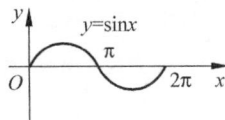

图 6.3

>>> **例 3** （1）求定积分 $\int_{-3}^{3} (|x+1|+|x-1|-4)\mathrm{d}x$；

（2）若 $\int_{0}^{a} (x^2+1)\mathrm{d}x = 2a$，求实数 a 的值。

四、定积分在几何中的应用

>>> **例 1** 计算由曲线 $y=x-4$，$y=\sqrt{2x}$ 及曲线 x 轴围成图形的面积。

练习 1 计算由曲线 $y^2=x$，$y=x^2$ 围成图形的面积。

　　练习 2　计算由曲线 $y^2=2x,\ y=x-4$ 围成封闭图形的面积（注意两种处理手法）。

＞＞＞**例 2**　如图 6.4 所示，直线 $y=kx$ 将抛物线 $y=x^2-x$ 和 x 轴围住的图形分成了面积相等的两部分，求实数 k 的值。

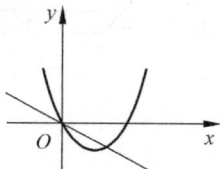

图　6.4

参 / 考 / 文 / 献

[1] 聂必凯,等.美国现代数学教育改革[M].北京：人民教育出版社,2010.

[2] OECD, PISA2009 Executive summary [EB/OL]. http://www. oecd. org/pisa/ 46643496. pdf.

[3] http://en. wikipedia. org/wiki/The_Bronx_High_School_of_Science.

[4] 张奠宙,宋乃庆.数学教育概论[M].北京：高等教育出版社,2009.

[5] 柯朗,希尔伯特.数学物理方法[M].北京：科学出版社,2013.

[6] Kline, Morris. Mathematical thought from ancient to modern times. Oxford University Press，1990.

[7] 莫里斯·克莱恩.古今数学思想[M].上海：上海科学技术出版社,2005.

[8] 弗赖登塔尔.作为教育任务的数学[M].上海：上海教育出版社,1999.

[9] 张奠宙,张荫南.新概念:用问题驱动的数学教学[J].高等数学研究.2004,3(7)： 8-10.

[10] 张奠宙,张荫南.新概念:用问题驱动的数学教学[J].高等数学研究.2004,5(7)： 8-11.

[11] 哈尔莫斯.希尔伯特空间问题集[M].上海：上海科学技术出版社,1984.

[12] 国家基础教育课程改革纲要[N].中国教育报,2001-7-27(2).

[13] 普通高中课程标准实验教科书,数学(选修 2-1)[M].A 版.北京：人民教育出版 社,2007.

[14] 新课标数学,九年级(上册)[M].北京：人民教育出版社,2007.

[15] 新课标高中数学必修5[M].南京：江苏教育出版社,2007.

[16] 曹广福.课标与教材浅议[J].课程教材教法,2016(4)12-16.

[17] 何勇,曹广福.课堂教学中如何兼顾学生素养与应试能力[J].数学教育学报,2014, 23(2)：60-62.

[18] 张蜀青,曹广福.以问题驱动对数概念课教学[J].中学数学教学参考,2014(7) 12-13.

[19] 张蜀青,曹广福.以问题驱动的原理课教学[J].中学数学月刊,2014(8)34-35.

[20] 韩雪涛.数学悖论与三次数学危机[M].长沙：湖南科学技术出版社,2006.

[21] 张国风.孟子.仁者思辨[M].北京：中国社会出版社,2004.

[22] 于惠棠.辩证思维逻辑学[M].济南：齐鲁书社,2007.

[23] 曹广福.关于数学教育的一些认识[J].数学教育学报,2004,13(1)：6-9.

[24] 曹广福.把教学过程当成科研过程[J].中国大学教学,2015(12)11-14.

[25] 马云鹏.小学数学核心素养的内涵和价值[J].小学数学教育,2015(5)3-5.

[26] 邓东皋,孙小礼,张祖贵.数学与善,数学与文化[M].北京大学出版社,1990,1-18.

[27] 柯朗,鲁宾.什么是数学[M].上海:复旦大学出版社,2005.

[28] 张蜀青,曹广福.大学教师与中学教师关于《基本不等式》的"同课异构"评析[J].数学教育学报,2015,24(2):40-43.

[29] 高中新课程学习指导编写组.数学必修3[M].北京:中国和平出版社,2012.

[30] [英]吉利斯.概率的哲学原理[M].张建丰,陈晓平,译.广州:中山大学出版社,2012.

[31] 冯变英,王平,贝特朗悖论与概率论的公理化[J].运城学院学报,2008(2)7-8.

[32] 苏同安.都是圆心惹的祸[J].中学数学,2010(1)64.

[33] 苏淳.概率论[M].科学出版社,2010.

[34] 曹泽龙,刘俊麟,张蜀青,何勇.贝特朗问题的争论之本质[J].数学通讯,2017(6)28-34.

[35] 徐文斌,杨玉栋."本原性问题"及其在数学课堂教学中的应用[J].数学教育学报,2005,14(8):14-16.

[36] 杨玉栋,徐文斌.初议"本原性问题驱动课堂教学"[J].中学教研,2006(5)1-2.

[37] 杨玉栋,徐文斌.本原性问题驱动课堂教学:理念、实践与反思[J].教育发展研究,2009(20)68-72.

[38] 上海市控江中学课题组.本原性问题驱动的数学教学实践研究[J].数学教学,2009(6)4-9.

[39] 严虹,项昭,吕传汉.面向中学的高师数学史课程的探索与实践[J].数学教育学报,2012,21(6):74-76.

[40] 吴增生.数学思想方法及其教学策略初探[J].数学教育学报,2014,23(3):11-15.

[41] 王敏,代钦.民国时期关于"问题解决"教学的研究[J].数学教育学报,2014,23(3):80-82.

[42] 康世刚,胡桂花.对我国"数学史与中小学数学教育"研究的现状与分析[J].数学教育学报,2009,18(5):65-68.

[43] 曹广福.说课[J].数学教育学报,2009,18(5):8-9.

[44] 宁连华,涂荣豹.中国数学基础教育的继承与发展[J].数学教育学报,2012,21(6):6-9.

[45] 马茂年,俞昕.课堂教学回归"数学化"的讨论与分析[J].数学教育学报,2013,22(3):80-85.

[46] 闫德明,朱亚丽.提高数学师范生教学技能途径的调查分析[J].数学教育学报,2012,21(6):27-30.

[47] 吴晓红,周明儒,苗正科.地方师范院校文科大学生数学学素养的现状及提高[J].数学教育学报,2011,20(2):49-52.

[48] 曹广福,叶瑞芬.地方高校分析类数学课程教学内容及体系的改革与实践[J].数学教育学报,2011,20(2):53-56.

[49] 郭玉峰,刘佳.师范院校学生"导数"内容知识和教学内容知识理解情况的调研[J].数学教育学报,2014,23(1):57-62.

[50] 胡启宙,孙庆括.高师数学教学论课程中参与式教学模式的建构[J].数学教育学报,2013,22(3):77-79.

[51] 陈宝生.努力办好人民满意的教育[N].人民日报,2017-9-8(8).

[52] Eli Maor.勾股定理——悠悠4000年的故事[M].冯速,译.北京:人民邮电出版社,2010.

[53] 徐利治.谈谈我青少年学习数学的一些经历和感想[J].数学通报,2007(12)1-5.

[54] 杜威.思维的本质[M].北京:台海出版社,2018.

[55] 蔡旺庆.探究式教学的理论、实践与案例[M].南京:南京大学出版社,2015.

[56] B.R.盖尔鲍姆,J.M.H.奥姆斯特德.分析中的反例[M].上海:上海科学技术出版社,1980.

[57] 詹姆斯·格雷克.费曼传[M].黄小玲,译.北京:高等教育出版社,2004.

名 / 词 / 索 / 引